T0047898

CÓMO HACER
UN BUEN TRABAJO
SIN SER UN
INDESEABLE

BLUME

PAUL WOODS

BLUME

Título original *How to do Great Work without being an Asshole*

Edición Gaynor Sermon, Sophie Drysdale
Diseño TurnbullGrey
Traducción María Teresa Rodríguez Fischer
Coordinación de la edición en lengua española
Cristina Rodríguez Fischer

Primera edición en lengua española 2019

© 2019 Naturart, S.A. Editado por BLUME
Carrer de les Alberes, 52, 2.º Vallvidrera
08017 Barcelona
Tel. 93 205 40 00 e-mail: info@blume.net
© 2019 Laurence King Publishing Ltd, Londres
© 2019 del texto y de las ilustraciones Paul Woods

ISBN: 978-84-17492-72-4

Impreso en China

Todos los derechos reservados. Queda prohibida la reproducción total
o parcial de esta obra, sea por medios mecánicos o electrónicos, sin la debida
autorización por escrito del editor.

WWW.BLUME.NET

Preservamos el medio ambiente. En la producción de nuestros libros procuramos,
con el máximo empeño, cumplir con los requisitos medioambientales que promueven
la conservación y el uso responsable de los bosques, en especial de los bosques primarios.
Asimismo, en nuestra preocupación por el planeta, intentamos emplear al máximo
materiales reciclados, y solicitamos a nuestros proveedores que usen materiales
de manufactura cuya fabricación esté libre de cloro elemental (ECF) o de metales
pesados, entre otros.

CONTENIDO

INTRODUCCIÓN

NO ES POSIBLE DEJAR DE SER UN INDESEABLE

Paul me pidió que escribiera unas cuantas palabras para este libro. Está claro que somos amigos, o no me lo habría pedido, y yo no lo habría escrito. Así que ya hemos superado la barrera de los indeseables.

Durante los últimos cincuenta años o así (sí, tengo esa edad), he trabajado con cientos de colegas, la mayoría de los cuales contraté yo mismo. Al principio lo desconocía, y si lo hubiera sabido, probablemente no lo habría admitido: siempre he contratado a la gente que me gustaba, y me preguntaba a mí mismo: «¿Quiero pasar ocho o diez horas al día con esta persona en la misma habitación? ¿Y qué pensaría el resto del equipo?». La mayoría de los diseñadores pueden adquirir habilidades específicas en tan solo unas semanas, aprender la tipografía correcta (de acuerdo, eso puede requerir años), escribir en código limpio o preparar un café excelente. Pero no es posible dejar de ser un indeseable.

Las mejores personas que he contratado provenían de los entornos más variopintos —carpinteros, chefs, soldados, historiadores— y no habían seguido el tranquilo recorrido académico. El deseo de aprender, de encajar, de dar lo mejor de uno mismo, es más importante que haber superado unos exámenes. No me creo el contenido de los portafolios (he visto demasiados que contenían copias del trabajo de otros —la era digital lo facilita todo—), hay que fiarse de la intuición.

Los empleados se mueven. Se convierten en competidores, compañeros, y, a menudo, en clientes. Y recuerdan cómo les trataste entonces. Siempre es doloroso que alguien se marche, en especial cuando empezaron como principiantes y les enseñaste algunos de sus primeros trucos. Pero necesitan avanzar, o creerán que tu manera de hacer las cosas es la única. Lo cual no es cierto. Pero mantendrán el contacto y te tratarán como un amigo más tarde si les trataste decentemente entonces. Cuando Paul dejó Edenspiekermann Berlín después de unos cuantos años de trabajo, me sentí decepcionado. Al mismo tiempo, sabía que debía hacerlo para aprender y mejorar. Nos mantuvimos en contacto y, ¡bingo! Años más tarde, volvemos a trabajar juntos.

El proverbio alemán dice: «Lo que le grites al bosque, el eco te lo devolverá» (*Wie man in den Wald hineinruft, so schallt es zurück*).

Aquí termino mi alegato. De todas formas, tiene en sus manos todo un libro en el que Paul expone el suyo, que resulta ser también el nuestro.

Dr. *h. c.* Erik Spiekermann

PREFACIO

Un póster enmarcado cuelga de la pared junto a la entrada principal de la oficina de nuestra agencia en el centro de Los Ángeles. Impreso en una Korrex Frankfurt Kraft de 1961, es probablemente la pieza decorativa más popular que he visto. Casi todos los que vienen a visitarnos —desde celebridades de Hollywood hasta banqueros e inversores— hacen algún comentario sobre el póster, y a menudo se hacen un *selfie* delante de este para que sus colegas, amigos o admiradores los asocien con este mensaje. Diseñado por el tipógrafo y emprendedor Erik Spiekermann, en el póster se lee: «No trabajes para tipos indeseables. No trabajes para cretinos».

Si para cualquier persona lo ideal es evitar estar a las órdenes de alguien indeseable, ¿por qué tantos seguimos trabajando para ellos? En las industrias creativas, «el tipo indeseable» y la cultura empresarial tóxica que le rodea es más frecuente que una monja en un convento.

Con los años, he hecho muchos amigos que trabajan para directores ejecutivos, directores creativos, directores de cuentas, y otros directores de-lo-que-sea que no solo son indeseables sino que se vanaglorian de serlo. Podría tratarse del director creativo impulsado por su ego que emite improvisadamente sus valoraciones de última hora a los diseñadores un viernes a las 17:50 antes de una presentación al cliente el lunes por la mañana; un departamento de recursos humanos que no contesta a las solicitudes de empleo que no prosperan, o un director ejecutivo que fomenta un ambiente de trabajo en el que los trabajadores sienten que deben trabajar horas extra con el pretexto de «vivir el sueño». Durante mucho tiempo, las industrias creativas han tenido la reputación de trabajar con personas que se sentirían más a gusto dirigiendo un campo de prisioneros que guiando a los jóvenes talentos en la agencia.

Sin embargo, parece que hay síntomas de cambio, aunque el ritmo sea lento. En el pasado, los jóvenes talentos simplemente debían aguantar las horas extra, a los ególatras y todo tipo de prácticas laborales desfavorables debido a la falta de salidas alternativas donde su vena creativa pudiera aflorar a cambio de una nómina estable. Pero hoy en día, con la amplia gama de alternativas viables, incluyendo las empresas tecnológicas, las emergentes, y la ampliación de los equipos de diseño internos, los mejores talentos pueden elegir sus opciones de carrera sin necesidad de someterse a la mala cultura empresarial y los egos.

A pesar de los indicios que dan muestra de un cambio positivo en las actitudes, el lastre de los viejos hábitos sigue presente. Las prácticas laborales insostenibles aún son habituales en agencias creativas, y estas provocan una sensación de desgaste, así como una alta rotación de personal y un trabajo de mala calidad. Cuando se trabaja en un ambiente tóxico, ni el individuo, ni el cliente ni el propio trabajo resultan beneficiados.

Este libro aborda una sencilla pregunta: «¿Es posible realizar un buen trabajo sin tener que comportarse como un indeseable?».

¿Estaremos pecando de ingenuos en una industria que no es precisamente conocida por sus prácticas de trabajo sostenibles ni por la ausencia de egos? ¿Puede realizarse manteniendo las ventajas competitivas, la felicidad de los clientes y, quizá, lo más importante de todo, un excelente trabajo?

A medida que vaya avanzando por el libro, encontrará comparaciones recurrentes entre el tiempo que pasé trabajando en Alemania y en Estados Unidos. La diferencia cultural entre las agencias creativas del norte de Europa (Alemania, Suecia, Dinamarca, etc.) y las naciones angloparlantes de Occidente (Estados Unidos, Reino Unido, Irlanda, etc.) es enorme. En el norte de Europa se confiere gran importancia a la eficiencia en el trabajo, mientras que en las últimas se antepone el trabajo a todo lo demás, sean cuales sean sus implicaciones sobre la vida personal. Al haber trabajado en ambas culturas, puedo ver con claridad que cada uno de estos estilos de trabajo tiene sus ventajas. Este libro intenta comparar las mejores (y peores) características de ambas.

Sinceramente,

Paul Woods

P. D. Probablemente estará pensando, «el autor parece también un poco indeseable». Es posible que esta afirmación no sea del todo falsa.

SER AGRADABLE
RESULTA PROVECHOSO

Tradicionalmente, en el sector creativo, el trabajo se ha antepuesto a todo lo demás; ser un indeseable era totalmente aceptable desde el momento en que uno había recibido unos cuantos premios en su carrera. Aunque a corto plazo esto resulta perfecto, la cultura interna a menudo queda relegada a un segundo plano en la carrera por realizar un trabajo fantástico.

La cultura empresarial de las grandes agencias es importante. Ya sea para realizar un trabajo excelente, atraer al mejor personal o construir relaciones duraderas con sus clientes, es importante. E incluso lo es en el caso de que sea una criatura auténticamente desalmada que solo se preocupa por las ganancias rápidas. Aunque las agencias creativas nunca han tenido problemas para producir grandes trabajos, en el pasado han tenido problemas para mantener ambientes de trabajo positivos y tratar bien a sus empleados. Ahora, en la época de la información, cuando no hay secretos, a estos desalmados finalmente se les está volviendo todo en contra.

LA MALA CULTURA EMPRESARIAL EN EL SECTOR CREATIVO

Quien haya trabajado en este sector en Londres, Nueva York o cualquier otra gran ciudad, probablemente estará de acuerdo en que la mala cultura empresarial, los egos y la disparatada cantidad de horas de trabajo no solo son habituales, sino que se celebran. A los becarios no se les paga. Las horas extra se llevan como una insignia de orgullo. Se favorece la egolatría y suele entenderse que cuanto mayor sea el ego, más reverenciado y «legendario» será el individuo.

Como la mayoría de la gente que ha trabajado en una empresa creativa, me he encontrado con muchos individuos que personifican a los peores estereotipos del sector. A lo largo de este libro, presentaré a algunos de los más pintorescos con los que me he encontrado. El primero de estos personajes que compartiré es especialmente memorable. Este elegante caballero —llamémosle Denny Dribblehoff— era una manzana especialmente podrida.

> LA CULTURA EMPRESARIAL DE LAS GRANDES AGENCIAS ES IMPORTANTE. YA SEA PARA REALIZAR UN TRABAJO EXCELENTE O ATRAER AL MEJOR PERSONAL.

Denny no era un genio creativo al estilo de Steve Jobs, sino un director de cuentas encargado de un gran cliente corporativo. Los directores de cuentas como este personifican a los peores rasgos del sector creativo. Hay que admitir que desempeñan uno de los trabajos más difíciles de este ámbito, al tener que lidiar con las demandas poco razonables de los clientes para cumplir unos plazos realistas y conseguir producir los trabajos creativos. A lo largo de mi vida, he trabajado con algunos maravillosos directores de cuentas que comprendían lo que hace falta para obtener un buen resultado; Denny Dribblehoff no era uno de ellos. Denny provenía de un pequeño pueblo cuyo nombre era algo así como Villabolas o Coprópolis. Con poca experiencia en la vida urbana, le asignaron la cuenta de un gran —y más bien difícil— cliente corporativo. Caminaba contoneándose como un jugador de fútbol americano, vestido con un traje y corbata negros, que le sentaban mal y le daban la imagen de que iba camino a un funeral, y en las pocas ocasiones en las que se soltaba la melena, era incapaz de controlar la bebida. Era una pesadilla para todos los equipos creativos en la agencia. Sin falta, hacia las cinco de la tarde de prácticamente cualquier viernes antes de que se cumpliera un plazo, Denny entraba en el departamento de diseño y decía con su acento del medio oeste: «Bien, chicos. Al cliente le encaaaanta lo creativo. Maravilloso... digno de un genio. Nunca había visto algo así. Con esas mismas palabras, es lo que dijo. ¡Conseguiremos un premio publicitario por este trabajo! Pero hemos de hacer unos cuantos cambios... ».

LOS MALOS HÁBITOS DEL SECTOR CREATIVO

HORAS EXTRA

EGOS

TRATO INJUSTO A LOS PRINCIPIANTES

FLUJOS DE TRABAJO CAÓTICOS

Entonces Denny presentaba una enorme lista de cambios que suponían desarrollar una idea totalmente nueva durante el fin de semana y terminarla antes de que expirara el plazo a las nueve de la mañana del lunes.

A continuación nos informaba de que tenía un acontecimiento familiar importante y debía marcharse inmediatamente, pero que nos vería el lunes, «...¡radiantes y despiertos, chicos!», y abandonaba la oficina con un paso ágil.

Aunque frente a esta situación el sentido común dictaba al equipo de diseño que debían enviar a Denny con sus zapatos de charol al infierno después de molerle a palos, en las agencias de diseño el condicionamiento es tal que los creativos consideran este tipo de solicitud como un reto: «¿Eres lo suficientemente bueno como para preparar un trabajo digno de un premio en tres días? Dilly y Johnny consiguieron una gran cuenta al trabajar durante un único fin de semana y ahora se dice que incluso conseguirán ganar un León de Oro en Cannes».

Los directores de cuenta como Denny entienden la disposición creativa demasiado bien, y saben exactamente cómo y cuándo despertar el ego y la inseguridad en los creativos. No es pues de extrañar que muchos de los creativos más maduros que conozco y que trabajan en agencias estén divorciados. En el sector creativo, la vida personal puede irse al traste. Por cierto, Denny aún está vivo y trabaja en la misma agencia; (aún) no ha sido apaleado con sus propios zapatos ni nada parecido.

LA BÚSQUEDA DE LA EXCELENCIA A TODA COSTA

Los directores creativos son unos de los mayores responsables en lo que concierne a la consecución de un mal ambiente de trabajo. Condicionados por años de horas extra, trabajos el fin de semana y egos cuando eran principiantes, han llegado a aceptar que no hay lugar para la vida personal en el sector creativo, y ahora harán todo lo que esté en su mano para conseguir un trabajo «excepcional». Es un círculo vicioso.

Después de que alguien ha dedicado unos cuantos años a este ámbito, el objetivo de conseguir la excelencia continuamente se convierte en una fuerza cegadora, con independencia del encargo.

DISTINGA LOS PROYECTOS PARA LOS QUE VALE LA PENA SACRIFICAR EL TIEMPO PERSONAL DE AQUELLOS QUE SON UNA CHORRADA Y NO BENEFICIAN A NADIE.

Esta búsqueda de la excelencia les impide discernir los proyectos para los que vale la pena sacrificar el tiempo personal de aquellos que no beneficiarán a nadie. He trabajado como un maníaco en algunos proyectos que merecían la pena del sacrificio de mi tiempo personal, como pasar 20 horas al día diseñando en Sudáfrica una plataforma que promueve el emprendimiento social en comunidades humildes. Este proyecto era importante.

Sin embargo —sobre todo al principio de mi carrera—, también sacrifiqué muchas, muchas, muchas horas de mi vida personal en proyectos que no eran de valor para nadie, y mucho menos para mí. De hecho, a nadie fuera del círculo de locura creativa de nuestro equipo le importaba el trabajo que estábamos creando. ¿Recuerda el *banner* en el que estuvo trabajando quince horas al día y le hizo perder dos fines de semana? Solo el 0,05 % de la gente[1] que lo vea lo clicará. Es una chorrada. Nadie lo necesita. A nadie le importa.

El eslogan de una agencia publicitaria muy conocida reza así: «El trabajo. El trabajo. El trabajo». Este mantra resume a la perfección la importancia extrema de la presión que la cultura empresarial de las agencias promueven esperando que las personas sobrepasen cualquier límite con la intención de producir un trabajo excelente para prácticamente cualquier encargo. Al dar un paso atrás, se pone de manifiesto que este comportamiento es demencial. Hagamos la prueba en la realidad: está ayudando a las grandes corporaciones a vender paquetes telefónicos baratos, bebidas refrescantes, chocolatinas o cualquier otro tipo de producto inútil. ¿Vale la pena sacrificar por esto la vida personal, la familia y los amigos? Por desgracia, durante muchos años en la sector creativo, la respuesta era un sí atronador.

¿QUÉ HA CAMBIADO?

La pregunta es: ¿por qué ahora es tan importante no ser un indeseable? Después de todo, la industria creativa ha existido durante décadas, y ha producido miles de millones de dólares al año, recogiendo innumerables premios a pesar de la toxicidad de sus prácticas laborales. ¿Por qué cambia ahora? La razón es muy sencilla. En el corazón de los grandes trabajos creativos están las grandes personas. Y no resulta sorprendente que las grandes personas solo se quedarán en una agencia si se sienten felices y, en esta época digital, el mejor talento se ve fortalecido por un mayor abanico de posibilidades e información que nunca.

LAS GRANDES PERSONAS SOLO SE QUEDARÁN EN UNA AGENCIA SI SE SIENTEN FELICES.

---

[1] https://www.smartinsights.com/internet-advertising/internet-advertising-analytics/display-advertising-clickthrough-rates/

BUENA CULTURA EMPRESARIAL

Necesitamos una sesión informativa adecuada para el nuevo proyecto.

Son casi las seis de la tarde: es hora de que el equipo se vaya a casa.

El equipo al completo hace la presentación al cliente.

Contestamos a todos los solicitantes de empleo.

Se reconocen los méritos del equipo al recibir un premio.

Los becarios reciben una paga justa.

MALA CULTURA EMPRESARIAL

Son las once de la noche. Espero que el equipo esté trabajando en la oficina.

¿Sesión informativa? Que lo averigüe el equipo.

Yo haré la presentación al cliente.

¿Por qué molestarme en contestar a los solicitantes de empleo que no encajan?

Solo mi nombre figura en los créditos del premio.

¿Pagarle a los becarios? ¡Me parto de risa!

LA DURA COMPETENCIA DE LAS COMPAÑÍAS TECNOLÓGICAS

En los últimos años, el modelo de agencia, que antes era el único jugador disponible, ha comenzado a perder su exclusividad, ya que los mejores profesionales se ven atraídos por las más atractivas y lucrativas ofertas de Silicon Valley. Las compañías tecnológicas como Google, Facebook y otras a menudo ofrecen salarios más competitivos, horarios flexibles y una plétora de beneficios adicionales con los que las agencias difícilmente pueden competir.

Además del salario y los beneficios, la emoción de formar parte de un producto real o de una empresa emergente resulta tremendamente atractiva para los jóvenes talentos. Hace unos cuantos años me ofrecieron un trabajo en una gran empresa tecnológica en San Francisco y, a pesar de no haber dejado de ser un «tipo de agencia», me sentí tentado. Incluso participé en una ronda de entrevistas con la empresa y quedé gratamente sorprendido con lo que ofrecían a los creativos. Si no hubiera trasladado a mi familia de Europa a Nueva York poco tiempo antes, no habría dudado en dejar atrás el mundo de las agencias.

EL PUNTO DE VISTA DEL CLIENTE ES MÁS POPULAR QUE NUNCA

Los equipos internos en las empresas no tecnológicas también van creciendo. Mientras trabajaba para una agencia en Nueva York, fui testigo de la marcha de unas cuantas personas para asumir roles internos en empresas que eran tradicionalmente «no creativas». Y no es de extrañar: cuando se trata de productos digitales, el punto de vista del cliente es un lugar muy atractivo. Los creativos pueden trabajar en proyectos con un mayor enfoque en el detalle en lugar de saltar de un proyecto a otro, y a menudo pueden trabajar en un entorno más sostenible.

A LOS CULPABLES SE LOS SEÑALA Y SE LES DESHONRA

Aunque el sector creativo siempre ha gozado de una reputación mediocre en lo referente a sus prácticas laborales, en el pasado, dada la fascinación por este mundo, los jóvenes talentos se sentían felices de adentrarse en la cultura empresarial tóxica en aras de ver impulsada su carrera. Sin embargo, no hay secretos en esta era digital y el talento puede discernir fácilmente qué roles y clientes cuentan con una buena o mala praxis. La existencia de sitios web como Glassdoor suponen que los empleados pueden expresar libremente su opinión de manera anónima y que sus opiniones están disponibles tanto para empleadores como para clientes potenciales. Basta con hacer una búsqueda rápida para encontrar evidencias de mala cultura empresarial, que en su día se escondía tras las puertas, y que ahora se exhibe libremente, a la vista de todos.

LOS PROYECTOS CREATIVOS SON MÁS A LARGO PLAZO QUE NUNCA

A medida que los presupuestos de marketing se van invirtiendo en proyectos digitales, la industria necesita desplazarse hacia un modelo más a largo plazo y alejado del tradicional con una alta rotación. A diferencia del proceso de creación de un anuncio para televisión o una campaña de marketing, la construcción de un producto digital es un proceso lento, que requiere meses e incluso años. Este tipo de proyectos a largo plazo requieren una mentalidad que difiere radicalmente del enfoque de velocidad e intensidad que tradicionalmente solían emplear las agencias.

SER BUENA PERSONA RESULTA PROVECHOSO

Hemos de ser claros sobre un hecho. Realizar un buen trabajo significa trabajar muy duro: no hay atajos. No significa salir del trabajo a las cinco de la tarde. No supone que se pueda mirar Facebook durante el día o dedicar dos horas a comer. Implica que ocasionalmente debas quedarte a trabajar hasta bien entrada la noche para que un trabajo bueno se convierta en excelente. Puede requerir echar horas algún fin de semana antes de la fecha de entrega de un proyecto importante. Pero las horas extra, la ineficiencia y la mala cultura empresarial deberían ser la excepción, no la

> **REALIZAR UN BUEN TRABAJO SIGNIFICA TRABAJAR MUY DURO: NO HAY ATAJOS.**

regla. No es una excusa para faltarle el respeto a la vida personal. No es un pretexto para que un ego adquiera la dimensión de un planeta. Lo primero y más importante, trabajas en el sector creativo. No eres un artista. Es una ocupación comercial. Por supuesto que se trata de un trabajo divertido, y muy significativo, pero no es algo por lo que debas sacrificar tu vida.

En mi carrera, he tenido la suerte de haber trabajado en algunas empresas maravillosas con una política interna fantástica que aún desarrollan unos trabajos excepcionales y de manera consistente. Créame, el equilibrio es difícil de conseguir y requiere un gran esfuerzo de todas las partes. Sin embargo, la construcción de una gran cultura empresarial no es simplemente algo que «está bien tener». Dicho sin más, si se es un indeseable, los mejores empleados se marcharán. Cuando los mejores se marchan, el trabajo se resiente. Y cuando esto ocurre, los clientes no tardan en hacer lo mismo.

¿SOY UN INDESEABLE?

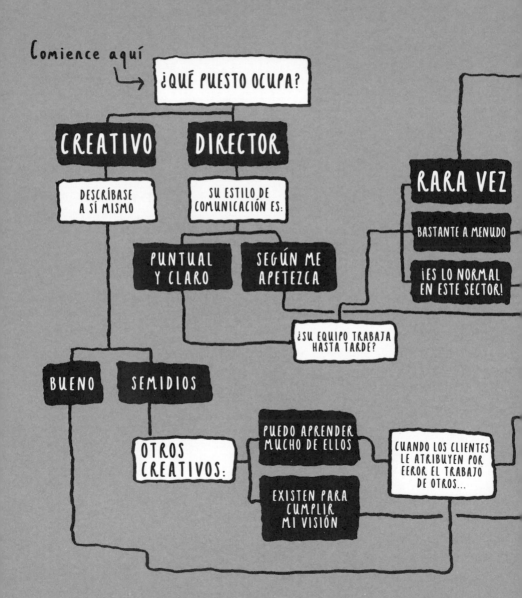

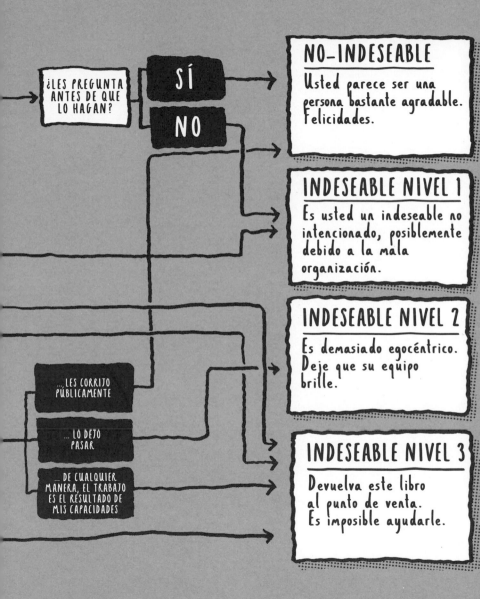

JÚNIOR

NIVEL MEDIO

SÉNIOR

EJECUTIVO

EGOS

Salvo pocas excepciones, el individuo creativo encaja en una de estas dos categorías: el profundamente inseguro y el ególatra. El primero vive en un estado de duda constante y requiere una validación continua. De hecho, suelen ser las mejores personas en una agencia, ya que se superan a sí mismas constantemente. Por desgracia, su necesidad de validación supone que sean fáciles de manipular, lo que aprovecha el último grupo, el de los ególatras, que son objeto del presente capítulo.

Quizá existe una profunda conexión inconsciente entre estos dos tipos de individuos. Sin embargo, al carecer de conocimientos sobre asuntos mentales, simplemente puedo afirmar lo siguiente: los egos no tienen lugar en el sector creativo. Al eliminar este tipo de comportamiento y, si es necesario, de persona, conseguirá un ambiente de trabajo más favorable para todos, unos equipos más autónomos y productivos y, lo que es más importante, un mejor trabajo.

ENTENDER AL EGÓLATRA

Para entender por qué los egos no tienen lugar en la industria creativa, observemos al ególatra más de cerca. Estos individuos suelen ser (aunque no siempre) parte del departamento creativo y con frecuencia ocupan puestos de experiencia. Tienen la creencia arraigada de que son la fuente de la grandeza de la agencia, que tiene la suerte de verse agraciada por su presencia. Se consideran una especie de mesías moderno, y su opinión siempre es la correcta. Todas las ideas para un proyecto deben provenir de ellos, y las de cualquier otra persona no suelen tomarse en consideración, a menos que se las puedan atribuir. Muestran una flagrante falta de respeto hacia el tiempo de los demás. En resumen, creen que los otros solo existen para construir su reputación personal.

Los directores creativos suelen ocupar las primeras posiciones en la lista de ególatras en una agencia. Para ser justos, quizá no sea del todo culpa de ellos. En las grandes agencias, los equipos de cuentas suelen poner a los directores creativos en un pedestal y a los clientes se les presenta como una especie de figura mística y mesiánica. Hasta cierto punto, este tipo de consideración se le sube a cualquiera a la cabeza. Sin embargo, aunque está bien asumir este papel frente a los clientes, la situación es bien distinta cuando se actúa así con el equipo.

> **ESTÁ BIEN ASUMIR EL PAPEL DE MESÍAS MÍSTICO FRENTE A LOS CLIENTES, PERO LA SITUACIÓN ES DISTINTA CUANDO SE ACTÚA ASÍ CON EL EQUIPO.**

Uno de los mesías místicos más memorables con los que me he topado era un director creativo de la vieja escuela —llamémosle Willy Wunderwinkle— cuyo pasatiempo favorito era aceptar proyectos con fechas de entrega imposibles en nombre de su equipo. Willy solía entrar con gran entusiasmo en la sala de proyectos para informar al equipo sobre la «emocionante nueva propuesta», que provocaba un gemido interno colectivo, ya que sabíamos que los próximos días dormiríamos muy poco o nada. Willy solía desaparecer durante los siguientes cinco días. Era imposible encontrarlo en su escritorio, en ninguna sala de reuniones o, de hecho, en ningún otro sitio de la agencia. No contestaba a los correos electrónicos o los mensajes de texto de nuestro equipo solicitando sus opiniones, que eran más frecuentes y desesperados a medida que se acercaba la fecha de entrega. Y entonces, el día de la entrega, Willy reaparecía en la agencia, como un mesías místico en su resurrección. Y en un tono displicente informaba a nuestro equipo de que, sin que nosotros lo supiéramos, había informado a un segundo grupo para que trabajara en el mismo proyecto, y que presentaría ese trabajo al cliente y no el nuestro.

Como muchos otros personajes en este libro, Willy aún vive y nunca fue despedido —ni asesinado por el equipo de diseñadores jóvenes que trabajaban para él—. De hecho, estoy bastante seguro de que ha sido promocionado un par de veces desde que coincidimos la última vez.

TIPOS DE EGÓLATRA

EL DIRECTOR
ARTÍSTICO MODERADOR

EL DISEÑADOR
«DEMASIADO BUENO PARA
CUMPLIR PLAZOS»

EL DIRECTOR CREATIVO
QUE SE ATRIBUYE
TODOS LOS ÉXITOS

EL GESTOR DE CUENTAS
INCONSCIENTEMENTE
RUIDOSO

EL CLIENTE
«DISEÑADOR»

EL DIRECTOR EJECUTIVO
«DEMASIADO IMPORTANTE
PARA ASISTIR»

PENSAMIENTOS DE UN EGÓLATRA

LOS EGÓLATRAS PERJUDICAN EL NEGOCIO

Queridos directores creativos y, de hecho, todos los demás: dejen sus egos en casa o en la sala de reuniones. Realmente no hay necesidad de que los ególatras existan en un lugar de trabajo creativo. Los egos reprimen el crecimiento del equipo, afectan negativamente la calidad del trabajo y suponen un coste para la agencia.

LOS EGOS REPRIMEN EL CRECIMIENTO DE LOS INDIVIDUOS Y LOS EQUIPOS

Uno de los peores aspectos de la personalidad ególatra es su falta de confianza en los demás. Sienten la necesidad de controlar en exceso cualquier porción del trabajo que pasa por la puerta y son incapaces de delegar. Realmente creen que ellos, y solo ellos, pueden realizar correctamente esta tarea. He tenido directores creativos sénior, con un sueldo altísimo, que insisten en revisar cualquier modificación en un simple *banner* que realiza un diseñador de producción. Aunque estoy convencido de que la atención al detalle es crítica, llegar a este punto resulta de locos. Este nivel de «microgestión» significa que un equipo nunca puede tomar sus propias decisiones ni llegar a crecer como individuos.

LOS EGOS CUESTAN DINERO A LA AGENCIA

Al actuar constantemente como cuello de botella del proceso creativo, los ególatras afectan al presupuesto y los plazos de los proyectos al no proporcionar las valoraciones y la información necesarias a tiempo e ignorar la realidad de los plazos de producción. Son de la opinión de que la consecución de su «visión artística» personal es más importante que el éxito global de un proyecto desde una perspectiva de viabilidad o financiera.

LOS EGÓLATRAS AFECTAN A LOS PRESUPUESTOS Y LOS PLAZOS DE LOS PROYECTOS.

LOS EGOS ALEJAN A SUS MEJORES EMPLEADOS

Un ególatra rara vez comparte el protagonismo con nadie más. Se quedan con los mejores encargos para sí mismos y dejan los menos interesantes a los demás. Rara vez sirven de guía a los jóvenes talentos, ya que están demasiado enfrascados en la consecución de su visión creativa. Los jóvenes creativos con talento únicamente toleran esta situación hasta que encuentran la oportunidad de brillar por sí mismos y se marchan.

LA CREACIÓN DE UNA CULTURA EMPRESARIAL LIBRE DE EGOS

¿Quiere crear un lugar de trabajo libre de egos? No es tarea fácil. El sector creativo está plagado de impetuosos mentalmente perturbados, con baja autoestima, insomnes y toda una hueste de personalidades excéntricas que rara vez son lógicos o razonables. Sin embargo, recuerde que los lugares de trabajo creativos son operaciones comerciales. No es un artista: es un profesional que puede y debe ser capaz de comportarse como un adulto. Estas son dos de las cosas más importantes que cualquier persona que ocupe un puesto de liderazgo creativo puede hacer para reducir los niveles de egolatría en el lugar de trabajo creativo.

DEJE QUE SU GENTE HAGA EL TRABAJO

Deje de controlar a los demás en exceso. Confíe en su equipo y deje que hagan su trabajo. Si tiene una razón de peso para desconfiar de su equipo, despídalos. Como dijo una vez el antiguo director ejecutivo de Apple, Steve Jobs: «No tiene sentido contratar a gente inteligente y decirles lo que deben hacer; contratamos gente lista para que *nos* digan lo que debemos hacer». Unególatra nunca confía en su equipo y siempre necesita tomar la decisión final. En una entrevista de 2007[2] Donald J. Trump afirmó que no creía en la contratación de gente que fuese más inteligente que él. Si eso no le convence de que debe dejar que su personal haga el trabajo, realmente no sé qué lo hará.

RECONOZCA EL MÉRITO A QUIEN SE LO MEREZCA

Nunca se atribuya el mérito de un trabajo que no haya realizado. Una vez más, los directores creativos suelen ser quienes más incumplen este precepto, sobre todo en el momento de presentar el trabajo a los demás. Reconozca el mérito cuando sea necesario. Sea humilde y corrija a las personas cuando el esfuerzo de los demás le

SU TRABAJO CONSISTE EN HACER CRECER A SU EQUIPO, NO A SU EGO.

sea atribuido a usted por error. Si ocupa un puesto sénior, siempre debería desviar los elogios personales de sus clientes e insistir en que están dirigidos a su equipo. Al ocupar este puesto, no necesita estas pequeñeces: su trabajo consiste en hacer crecer a su equipo, no a su ego. Cuando yo era un diseñador júnior, trabajaba con un director creativo que a la mínima oportunidad insistía en destacar los esfuerzos del equipo. Al presentar el trabajo a un cliente, siempre incluía un listado con los nombres de los miembros del equipo —desde los becarios hasta los más expertos— que trabajaron en el proyecto. Como júnior, un puesto que rara vez recibe el reconocimiento de los clientes, esto lo suponía todo para mí.

[2] http://www.cnbc.com/2016/12/19/donald-trup-hiring-people-smarter-than-you-is-a-mistake.html

CUÁNDO NECESITA EGOS

No me malinterprete: los individuos con una personalidad desbordante juegan un papel crítico como modelo interno de comportamiento, en la construcción externa de la marca y en la definición de la voz de una agencia creativa. Los mayores nombres en diseño y publicidad —Stefan Sagmeister, Erik Spiekermann y Bob Greenberg, por nombrar unos cuantos— han construido su negocio en torno a su gran personalidad pública, respaldada, por supuesto, por un gran trabajo. El contar con una personalidad destacada y franca otorga a una agencia una cara y una voz públicas que promociona y define su marca. Pero aunque estas personas públicas pueden ser ruidosas, controvertidas y en ocasiones incluso ofensivas, solo son eso, personas públicas. Contar con una gran personalidad en público es muy distinto a tener un ego en el equipo durante el trabajo cotidiano.

CONTAR CON UNA GRAN PERSONALIDAD EN PÚBLICO ES MUY DISTINTO A TENER UN EGO EN EL EQUIPO.

Yo trabajé con Erik Spiekermann durante varios años en Berlín. Tiene una personalidad arrolladora, siempre lleva la voz cantante en la sala, y es la persona más honesta en entrevistas o en conferencias. Nunca tiene miedo de expresar sus controvertidas opiniones. Pero, cuando está en su agencia con su equipo, es uno de los directores creativos más respetuosos y motivadores con los que he trabajado. En particular, pone mucha atención al personal más joven, conoce sus nombres y les anima de manera consistente. Reconoce los méritos cuando se merecen, corrige públicamente a quien le atribuye algo que ha realizado otra persona. Si una de las personalidades más relevantes del mundo del diseño ha podido hacer esto con éxito durante más de cuarenta años, ¿no cree que su ego también puede mantenerse en segundo plano?

REUNIONES

En lo que concierne a las reuniones, le revelaré un pequeño secreto: únicamente a los indeseables les gustan las reuniones inútiles. Cualquier ser humano normal las odia. Desde mi experiencia, la gran mayoría de las reuniones creativas o relacionadas a proyectos resultan innecesarias.

Las reuniones innecesarias son una pérdida de tiempo, y el tema de la reunión podría ser tratado de manera mucho más efectiva con un mero mensaje instantáneo o una conversación personal. Consumen el presupuesto del cliente que podría emplearse mejor en producir el trabajo en sí mismo. Las reuniones mal preparadas son aún peores. Una reunión sin un propósito claro y sin la concreción de los pasos a seguir sembrará la confusión y terminará buscando agujas en un pajar durante días. De hecho, cualquier proyecto, agencia o equipo será más eficiente y producirá un trabajo mejor si el número de reuniones se mantiene al mínimo, con la duración imprescindible y siempre con un claro enfoque sobre el tema. En lo que concierne a las reuniones, piense como un alemán, y no se equivocará demasiado.

INDESEABLES Y REUNIONES

El ególatra adora todo tipo de reuniones. Cuanto más inútil sean estas, mejor para él. Una reunión constituye una audiencia perfecta para que se le escuche hablar. Puede ponerse de pie al frente de la sala y parecer importante. Puede dibujar garabatos ridículos en la pizarra y señalarlos con el marcador. Puede pretender escuchar las ideas de los demás antes de interrumpirles con su propia epifanía revolucionaria. Para un ególatra, una reunión inútil es como el día de Navidad para un niño de seis años.

PARA EL EGÓLATRA, UNA REUNIÓN INÚTIL ES COMO LA MAÑANA DE NAVIDAD PARA UN NIÑO DE SEIS AÑOS.

Durante los años que trabajé en agencias creativas, conocí a muchos individuos que adoraban las reuniones inútiles. Uno de los más destacados —llamémosle Cyril Crumplehorn— era un gestor de proyectos que rozaba la treintena y tenía una voz tremendamente agobiante. Cuando le conocí, llevaba un proyecto relativamente poco importante en el que, desafortunadamente, yo también trabajaba. Cyril era un personaje terriblemente engreído. Su presencia en cualquier sala era como un huracán; no estaba contento hasta que había molestado a todo aquel que se hallara en un radio de veinte kilómetros. Era la persona en la que se basan las comedias como *The office*. Pero, sobre todo, a Cyril le gustaba el sonido de su propia voz.

Cyril adoraba dirigir largas reuniones con todo el equipo, que a menudo duraban más de dos horas, con pocas intenciones más que las que indicaba un título poco conciso como «Actualización» o «Estado del proyecto». Durante un proyecto en particular, que requería de una gran dedicación, Cyril incrementó la frecuencia de estas reuniones a dos veces al día: «Actualización matutina» y «Actualización vespertina». La asistencia a ambas era obligatoria para que todo el equipo le informara de lo que habían hecho desde la última reunión de actualización dos horas antes. De manera invariable, utilizaba la reunión como púlpito para compartir sus opiniones sobre cualquier tema, desde por qué no le gustaba la elección del color de la fuente hasta lo que pensaba sobre el último episodio de *Las Kardashian*.

Cyril siempre convocaba al máximo número de personas posible a cada reunión. Después de todo, ¿para qué convocar una reunión si no iba a contar con el público suficiente para disfrutarla? No solo invitaba al equipo de proyecto, sino también a algunos individuos de otros proyectos no relacionados con este, personal de otros departamentos o del equipo de dirección. Ya puestos, que llevaran también a sus hijos. Pero independientemente del número de asistentes o el tiempo transcurrido en la sala, todos salían de la reunión preguntándose: «¿Qué ha pasado?».

Una tarde, Cyril mantuvo una reunión particularmente intensa que duró más de dos horas. Estaba tan inmerso en la reunión que no se dio cuenta de que, uno por uno, los miembros del equipo de proyecto habían ido abandonando la sala. La única persona que quedaba era su becario, que escuchaba con devoción todas sus palabras. He trabajado con muchos personajes como Cyril desde entonces, pero para mí, él era el original y siempre sentiré cierta debilidad por su hilarante egolatría.

No solo los indeseable y los ególatras disfrutan con las reuniones. Hay que añadir un factor decisivo: la diferencia cultural. Por ejemplo, los americanos disfrutan mucho más con las reuniones que los europeos del norte. Adoran las discusiones grupales, las tormentas de ideas y descubrir juntos nuevas ideas. Los alemanes, por otro lado, no creen mucho en estas prácticas; de hecho, valoran la eficiencia por encima de todo.

El problema con las reuniones excesivas o ineficientes en nuestro ámbito es que las personas creativas se distraen con facilidad. Nos encanta discutir, improvisar, buscar nuevas ideas y discutirlas un poco más. Buscamos la validación de los demás. Ponga juntos a un grupo de creativos con una estructura de reunión desorganizada y conseguirá no hacer nada. Y cuando no se hace nada debido a una reunión inútil, la gente debe trabajar más horas para conseguir finalizar su trabajo.

Trabajé con un socio alemán durante varios años al frente de una agencia creativa. Era un maestro de la eficiencia y esto se debía fundamentalmente a la aplicación de unas buenas prácticas laborales que permitían al personal salir del trabajo a tiempo cada día. Sentía aversión por las reuniones inútiles. Le vi una y otra vez interrogando a las personas que convocaban reuniones espontáneas y poco preparadas que suponían una pérdida de tiempo. Créame, no es bueno hacer enfadar a un alemán.

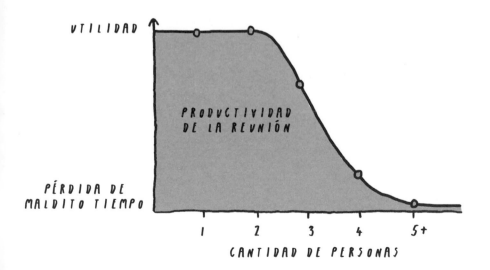

¿REALMENTE NECESITO UNA REUNIÓN?

Antes de abrir la aplicación del calendario, pregúntese: «¿Realmente necesito una reunión para esto? ¿Bastaría con un correo electrónico o un mensaje instantáneo? ¿O sería suficiente una entrevista personal con el director creativo para discutir la opinión del cliente?».

En lo que concierne al trabajo creativo, solo hay dos ocasiones en las que las reuniones personales son siempre necesarias (o al menos, preferibles). La primera es una sesión informativa de proyecto. Ningún proyecto, grande o pequeño, debería iniciarse sin una sesión informativa bien preparada, en presencia de todo el equipo y en la que sea posible responder a todas las dudas. Con demasiada frecuencia, los proyectos creativos comienzan con poca o nula información además de una nota por correo electrónico del estilo: «Crear una nueva página de marketing para el cliente como la del mes pasado». Nada sustituye a una sesión informativa clara y presencial para obtener un resultado que satisfaga las necesidades del cliente y del usuario. (Más adelante trataremos el tema de las sesiones informativas).

La segunda ocasión en la que las reuniones presenciales resultan muy beneficiosas es la presentación del trabajo. Sin importar lo largas o exitosas que sean sus relaciones con un cliente, cuando se trata de presentar el trabajo creativo o de diseño, una reunión personal es la mejor manera de compartir el razonamiento seguido y responder a sus preguntas o preocupaciones. Según mi experiencia, un trabajo o una idea tiene el doble de posibilidades de aceptarse si se le presenta a un cliente de forma presencial.

CÓMO ORGANIZAR UNA REUNIÓN PRODUCTIVA

Estas son algunas de las cosas que aprendí de mi socio extremadamente eficiente sobre la organización de una reunión «a la alemana». Para que estos puntos tengan cierto contexto, utilicemos un ejemplo del mundo real: Acaba de recibir una inquietante valoración sobre el diseño de un logo en el que está trabajando su equipo para la marca XXX, un producto nuevo del conocido fabricante de juguetes para adultos, compañía XXX. Debe convocar una reunión urgente para discutir la manera de proceder con su equipo creativo. En las páginas siguientes encontrará tres pasos para lograr mantener una reunión productiva y eficiente.

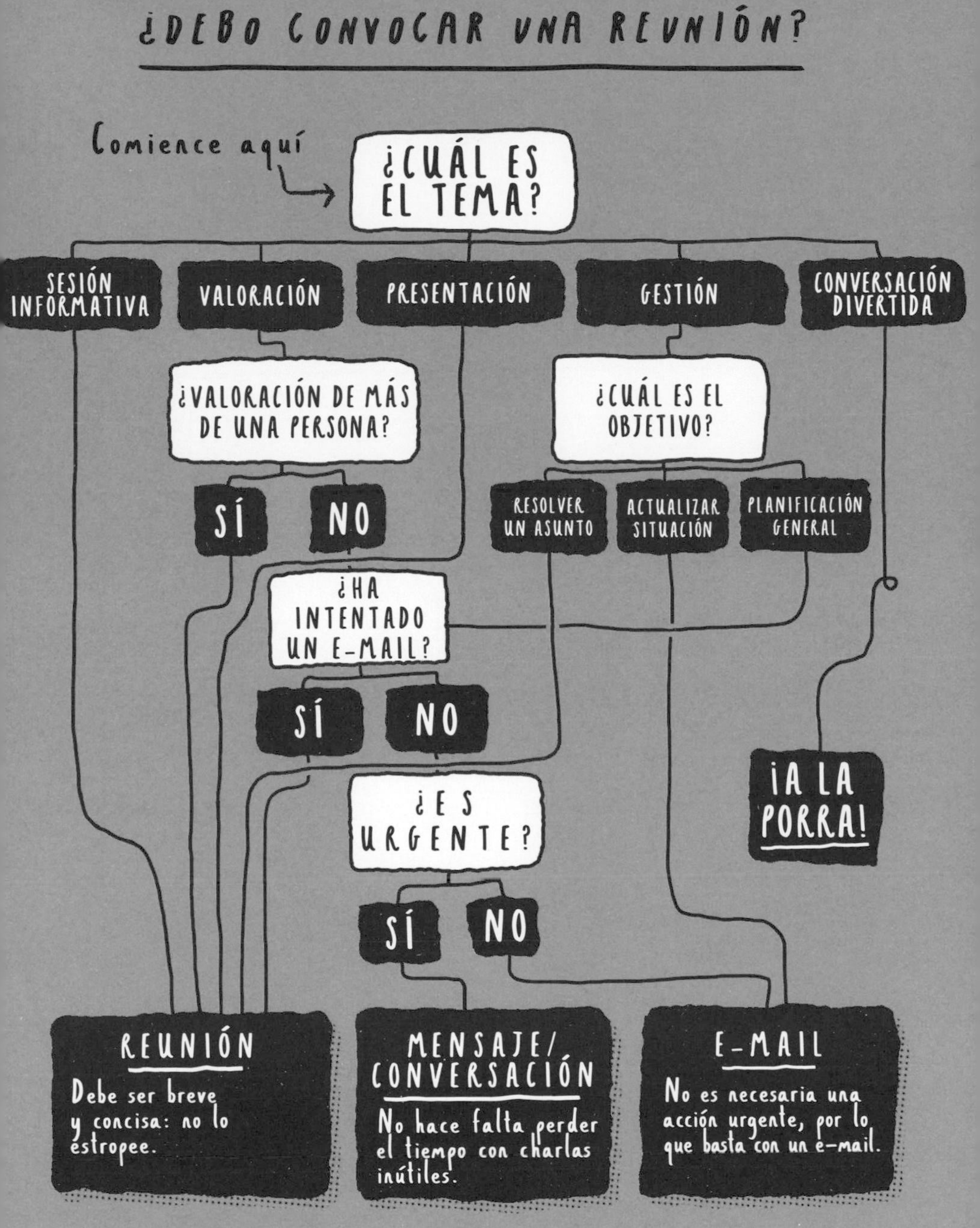

¿DEBO CONVOCAR UNA REUNIÓN?

Comience aquí

¿CUÁL ES EL TEMA?

- SESIÓN INFORMATIVA
- VALORACIÓN
- PRESENTACIÓN
- GESTIÓN
- CONVERSACIÓN DIVERTIDA

¿VALORACIÓN DE MÁS DE UNA PERSONA?
- SÍ
- NO

¿CUÁL ES EL OBJETIVO?
- RESOLVER UN ASUNTO
- ACTUALIZAR SITUACIÓN
- PLANIFICACIÓN GENERAL

¿HA INTENTADO UN E-MAIL?
- SÍ
- NO

¿ES URGENTE?
- SÍ
- NO

¡A LA PORRA!

REUNIÓN
Debe ser breve y concisa: no lo estropee.

MENSAJE/ CONVERSACIÓN
No hace falta perder el tiempo con charlas inútiles.

E-MAIL
No es necesaria una acción urgente, por lo que basta con un e-mail.

1. CONVOCAR LA REUNIÓN

Envíe una convocatoria adecuada, preferiblemente al menos un día antes de la fecha propuesta para la reunión. La gente necesita prepararse. Sin embargo, en esta ocasión, como el tiempo es esencial, programe la reunión para más tarde ese mismo día. Una convocatoria completa contiene varios elementos clave:

→ **Título** Elija un título que sea descriptivo, no una generalidad como «Actualización». Por ejemplo, «Discutir la valoración del cliente para el diseño de la marca XXX».

→ **Propósito** Una breve descripción del propósito de la reunión, por ejemplo: «Definir los pasos a seguir para el diseño del logo de la marca XXX según la última valoración del cliente».

→ **Horario** Abrevie todo lo posible. Con treinta minutos suele bastar para la mayoría de las actualizaciones de los proyectos.

→ **Localización** Suele parecer obvio, pero a menudo se olvida.

→ **Asistentes** Reduzca la lista de asistentes al máximo para no hacer perder el tiempo a nadie. No invite a quien no tenga necesidad de asistir. Si no está seguro, pregúnteles o deje que sea opcional.

→ **Fije las expectativas** ¿Es necesario preparar algo para la reunión? ¿Hay algún documento que deban revisar? De ser así, debe incluirlo en la convocatoria.

COSAS QUE NO HAY QUE LLEVAR A UNA REUNIÓN

EGOS

OPINIONES SIN FUNDAMENTO

PERROS DE OFICINA

ARTÍCULOS NO RELACIONADOS CON EL TEMA DE LA REUNIÓN

PERSONAL INNECESARIO

DISTRACCIONES

2. DURANTE LA REUNIÓN

El organizador de la reunión es, de hecho, el propietario de esta. Es responsable de moderarla, independientemente de que se trate de un gestor de proyectos experimentado, un diseñador principiante o el papa en persona. Una buena reunión sigue el siguiente formato:

→ **Descripción del propósito de la reunión** Comience cada reunión con «El propósito de la reunión es». En nuestro ejemplo, el objetivo de la reunión es «definir los pasos a seguir para el diseño del logo de la marca XXX según las últimas valoraciones del cliente».

→ **Definición de las expectativas** Comunique el resultado esperado de la reunión. ¿Se trata de aclarar la valoración del cliente recogiendo más preguntas? ¿O se trata simplemente de repartir las distintas tareas del proyecto a los miembros del equipo? Sea claro y concreto.

→ **Claridad y concisión** Discuta el tema de la reunión de manera clara y concisa. No le dé vueltas y vaya al grano.

→ **Formulación de preguntas** ¿Hay que aclarar algo más? Dado que los creativos no suelen hacer preguntas durante las reuniones, el organizador debería dar pie a que los individuos se aseguren de que todo quede claro.

→ **Definición de los siguientes pasos y delegación de tareas** Defina los pasos concretos a seguir y quién es responsable de cada uno de ellos. Al finalizar la reunión todos deben tener claro lo que se espera de ellos.

3. DESPUÉS DE LA REUNIÓN

El organizador de la reunión envía un breve resumen al equipo que incluye una recopilación de los resultados de la reunión, los pasos a seguir y los roles y responsabilidades definidos claramente para cada uno para que todos sepan lo que deben hacer. A menudo esta es la parte más importante de la reunión, ya que su equipo tomará como punto de referencia este correo electrónico para trabajar los siguientes días.

¿Ha hecho todo lo anterior? ¡Felicidades! Ha dominado el arte de organizar reuniones de manera eficiente y sin duda haría que incluso el alemán más quisquilloso se sienta orgulloso.

PROTOCOLO PARA LAS REUNIONES

1. Establezca claramente el propósito de la reunión.

2. Abréviela todo lo posible.

3. Avise a todos los participantes con antelación, por si deben preparar o llevar algo.

4. Al explicar el tema, proporcione ejemplos visuales claros.

5. No actúe como un sabelotodo ni levante el tono para hablar por encima de los demás.

6. Evite los monólogos, sobre todo si se cree muy listo (no lo es).

7. No lleve a su perro a la reunión, no le hace más creativo.

8. No se hurgue la nariz.

9. Compruebe que todos tienen claro los próximos pasos a seguir.

10. Envíe un resumen de la reunión a la finalización de la misma.

— — — RECÓRTELO Y CUÉLGUELO EN LA SALA DE REUNIONES — — ✂

PROYECTO

PROPVESTA

Una de las prácticas más polémicas en lo que concierne a la adquisición de proyectos creativos es la infame propuesta gratuita, también conocida como «trabajo de muestra». Si ha trabajado en una agencia, o incluso como *freelance*, en uno otro momento probablemente se habrá enfrentado al proceso de adquisición de un proyecto en el que un cliente prospectivo emite una especificación de diseño de «prueba» para valorar las capacidades de su proveedor creativo. Por supuesto, la parte controvertida de esta práctica es que estos encargos no se remuneran.

La propuesta gratuita siempre ha formado parte de la industria creativa. De hecho, según las investigaciones, el 70 % de los clientes espera un trabajo de «muestra» gratuito como parte del proceso de contratar una agencia o un equipo creativo[3]. Para las grandes agencias, que se lo pueden permitir, la participación en propuestas gratuitas forma parte del proceso de adquisición de nuevos clientes. Las grandes agencias pueden permitirse absorber estos costes, así que lo hacen.

LA PROPUESTA GRATUITA EN EL SECTOR CREATIVO

Cuando trabajaba en Nueva York, cada día uno u otro equipo de la agencia se encontraba inmerso hasta el cuello en alguna de estas propuestas. Habitualmente, el proceso para obtener un proyecto en una gran agencia comienza con una «solicitud de propuesta» que suele encontrarse en el correo de entrada del equipo de desarrollo de negocio de la agencia. En cuanto se ha decidido la participación de la agencia, se selecciona la estrategia y el equipo creativo. Entonces comienza el ajetreo (habitualmente en un período de tiempo corto e intenso) para inventar una solución creativa que demuestre las habilidades de la agencia.

Los plazos de entrega para las propuestas suelen ser de locos. En algunas ocasiones puede contar con días, y en otras con apenas unas horas para generar una visión creativa en toda regla (o múltiples opciones, en algunos casos). Se instalan todos juntos en una sala a modo de centro de operaciones y el equipo creativo inventa la siguiente gran idea sin preocuparse por su producción o la realidad presupuestaria. Recuerdo una ocasión en la que el equipo creativo recibió el informe sobre la propuesta a las seis de la tarde a última hora del jueves, cuando la presentación al cliente estaba prevista para la una de la tarde del día siguiente. Aunque parezca increíble, el trabajo resultante fue bastante bueno y obtuvimos el proyecto. Parece de locos, y suele ser así. Pero vender la propuesta puede ser muy divertido para un equipo creativo.

¿ES ÚTIL UNA PROPUESTA?

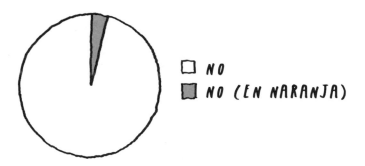

☐ NO
◼ NO (EN NARANJA)

³ https://www.designweek.co.uk/issues/20-26-march-2017/research-reveals-70-clients-would-expect-designers-free-pitch/

REQUISITOS PARA UNA SOLICITUD DE PROPUESTA (SDP)

- [ ] Queremos.
- [ ] Lo mejor gratis. Lo mejor de lo mejor.
- [ ] Gratis.
- [ ] Confirmado.
- [ ] Cero. Nulo. Nada. Nada de nada.
- [ ] Para ya mismo.

EL ALEGATO EN CONTRA DE LAS PROPUESTAS GRATUITAS

A pesar de su ubicuidad en la industria creativa, y lo divertido que pueda ser por el equipo creativo que se lo pueda permitir, muchas personas consideran que las propuestas gratuitas son una práctica cuestionable, y en los últimos años se han producido movimientos significativos en su contra. Muchos lo consideran una práctica explotadora; en el ámbito del diseño en particular, algunas organizaciones como AIGA[4] y NO!SPEC[5] se han pronunciado públicamente en su contra. Sus argumentos son claros: en ningún otro sector se espera que un proveedor de servicios trabaje gratis durante días o semanas para facilitar el proceso de toma de decisiones. Usted no esperaría que le dieran una comida «de muestra» en cada uno de los cinco restaurantes que está considerando para su cena el viernes por la noche. ¿Por qué pretenderlo al elegir un diseñador o una agencia creativa?

Como diseñador o agencia, ¿debería seguir el camino ético y negarse a una propuesta gratuita? ¿O es una utopía? ¿Debería entonces considerar que las propuestas gratuitas son «el coste de hacer negocios», como lo sería invitar a comer a un cliente potencial?

¿POR QUÉ LA PROPUESTA GRATUITA NO FUNCIONA?

Para ser franco con usted, querido lector, este autor opina que la propuesta gratuita es perjudicial para la industria creativa. Constituye una práctica tóxica que simplemente se ha normalizado con el tiempo. Si retrocede un poco, la idea de proporcionar un servicio profesional de manera gratuita como «muestra de prueba» resulta ridícula. No solo eso, sino que la propuesta gratuita no constituye un proceso de evaluación efectivo para el cliente. A corto plazo, la propuesta gratuita no beneficia a ninguna de las partes. Y son varias las razones.

LAS PROPUESTAS GRATUITAS LE DEVALÚAN A USTED Y A SU TRABAJO
Al proporcionar un trabajo creativo en un intervalo de tiempo tan corto, con una información mínima y con poca o ninguna investigación sobre los usuarios o la colaboración del cliente, está creando una impresión lamentablemente distorsionada de lo que se requiere para presentar un trabajo magnífico. De esta manera se devalúa de manera extrema tanto usted mismo como su trabajo creativo.

[4] http://www.aiga.org/position-spec-work
[5] https://www.nospec.com

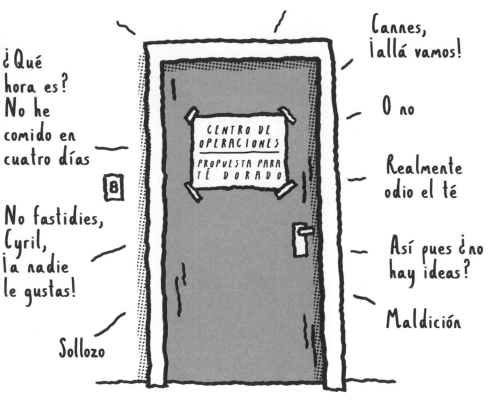

SE ARRIESGA A SUFRIR UNA ESTAFA

Un cliente simplemente puede apropiarse cualquier idea propuesta y pedir a otra agencia o incluso a su propio equipo interno que la ejecute de manera más económica. Lo he visto en innumerables ocasiones.

LAS PROPUESTAS GRATUITAS CUESTAN DINERO Y RECURSOS

Aunque sea correcto invertir dinero en la adquisición de cuentas, el problema con las propuestas gratuitas es que invierte dinero y recursos en algo que es muy probable que resulte descartado. Las propuestas de venta requieren tiempo y energía que no se dedica a los clientes reales. También provoca la adquisición de malos hábitos a los equipos creativos que simplemente «producen genialidades» en lugar de pensar de manera crítica y solucionar problemas.

Quizá más importante que la opinión de este autor o el punto de vista de cualquier industria creativa es el hecho de que las propuestas creativas también son malas para el cliente. A pesar de lo divertido que pueda resultar para un creativo la composición de una solución brillante durante la propuesta creativa, este método de evaluación de las capacidades de una agencia resulta inútil para el cliente. Cuando este le pregunte por qué las propuestas son perjudiciales para ellos, le puede proporcionar alguna de las siguientes razones.

1: El trabajo de las propuestas no demuestra la capacidad real para solucionar un problema

El trabajo producido en una propuesta suele ser imposible de ejecutar y nunca tiene en cuenta la realidad de su ejecución. Cualquier estudiante de diseño puede generar un trabajo «brillante»; pero es la ejecución de este trabajo en el mundo real —con todos los requisitos y limitaciones— la que requiere una auténtica habilidad. Si usted, como cliente, necesita un socio creativo que simplemente produzca buenas propuestas, sería más conveniente que acudiera a un estudiante de diseño de primer año con buenas capacidades de composición en Photoshop.

2: El trabajo de las propuestas es superficial

Este tipo de trabajos casi nunca incluye una investigación que parta de usuarios reales o algún descubrimiento —las piezas clave para la creación de un trabajo significativo—. Dicho rápidamente, es una porquería superficial y, generalmente, debería eliminarse una vez finalizada la propuesta.

3: El trabajo de las propuestas no le dirá cómo trabajamos juntos

Y lo más importante, las propuestas no suponen ninguna colaboración con el cliente o su equipo: en su mayoría, el resultado final de la propuesta se limita a una presentación frente al comité de toma de decisiones. De esta manera no se obtiene ninguna indicación de lo que supondría trabajar juntos.

EL RETO DE UNA POLÍTICA «SIN PROPUESTAS»

Sin embargo, aunque protestar en contra de la propuesta gratuita puede ser bueno en teoría, en la práctica muchos clientes aún la solicitarán. Si se encuentra en una agencia ya establecida o en una con una fuente sólida de nuevas líneas de negocio, es fácil decir: «A la porra, no hacemos propuestas». Si dirige una agencia pequeña, una empresa emergente, es un *freelance*, o simplemente necesita la cuenta, no resulta tan fácil mantenerse firme. «Los creativos y las agencias se enfrentan al dilema de hacer una propuesta y convertirse en parte del problema, o decir que no a las propuestas gratuitas y perder el cliente». Es una cuestión delicada.

Permítame darle un ejemplo. La oficina de Berlín de Edenspiekermann mantiene una rígida política de no aceptar este tipo de propuestas. Se encuentra recogida en un manifiesto con una redacción firme[6] y, al menos en teoría, cada una de las palabras tiene un gran sentido. Cuando trabajaba en la oficina de Berlín, creía a pies juntillas que no había ninguna situación en la que la propuesta gratuita fuese una buena opción. Por supuesto, la oficina de Berlín es una agencia bien arraigada en Europa. Unos cuantos

> **«¿HACEMOS UNA PROPUESTA Y NOS CONVERTIMOS EN PARTE DEL PROBLEMA, O DECIMOS QUE NO A LAS PROPUESTAS GRATUITAS Y PERDEMOS EL CLIENTE?».**

años más tarde, cuando volví a Edenspiekermann para dirigir su nueva oficina en Los Ángeles, tuvimos que enfocar las cosas de otra manera. A diferencia de lo que ocurría en Europa, la agencia era prácticamente desconocida en el mercado americano, y la obtención de nuevas cuentas resultó todo un reto, sobre todo al inicio. Mi socio y yo tuvimos que cuestionarnos seriamente si podíamos trabajar con una política de «no-propuestas» en un mercado nuevo en el que luchábamos con uñas y dientes por obtener clientes. Durante el primer año probamos varias maneras de conseguir nuevas cuentas (incluyendo unas pocas propuestas gratuitas) y finalmente encontramos una alternativa interesante a la propuesta creativa: el taller de intervención creativa.

EL TALLER DE INTERVENCIÓN CREATIVA

Si usted es un diseñador *freelance* o se encuentra al frente de una agencia, en algún momento recibirá una solicitud de propuesta de un proyecto en el que le encantaría participar, pero que requiere el envío de un trabajo de muestra gratuito. Aunque se rija por la política más irrefutable de no-propuestas, el cliente potencial no cederá en la solicitud de algún tipo de prueba de que «entiende» su marca (a pesar de sus años de experiencia con proyectos similares), y ya sabe que las agencias de la competencia sí enviarán trabajos de muestra. ¿Qué hacer entonces?

---

[6] www.edenspiekermann.com/manifesto

¿DEBERÍA HACER UNA PROPUESTA?

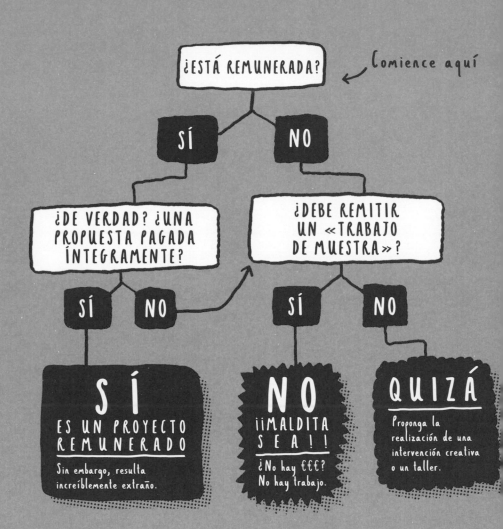

¿ESTÁ REMUNERADA?

Comience aquí

SÍ

NO

¿DE VERDAD? ¿UNA PROPUESTA PAGADA ÍNTEGRAMENTE?

¿DEBE REMITIR UN «TRABAJO DE MUESTRA»?

SÍ

NO

SÍ

NO

SÍ
ES UN PROYECTO REMUNERADO

Sin embargo, resulta increíblemente extraño.

NO
¡¡MALDITA SEA!!

¿No hay £££? No hay trabajo.

QUIZÁ
Proponga la realización de una intervención creativa o un taller.

Envíe su taller de intervención creativa. En lugar de seguir el camino de sus competidores con la solicitud de propuesta, solicite una reunión con quienes tomarán la decisión y explíqueles cómo la propuesta gratuita no es la manera correcta de tomar una decisión con fundamento. En cambio, le gustaría ofrecerles la posibilidad de participar en un taller de intervención creativa en su propia oficina. En lugar de realizar una presentación con trabajos en falso durante treinta minutos, dedicará todo un día a trabajar juntos, lo que les servirá de base para evaluar cómo se trabaja con usted y su equipo. A través de una serie de ejercicios conjuntos en este taller, explorará el negocio y las necesidades reales del usuario que requiere el trabajo creativo para producir algo que sea realmente útil, incluso si finalmente no se deciden por su agencia.

En mi primer año en Edenspiekermann Los Ángeles, realizamos varios de estos talleres para las propuestas que requerían un trabajo de muestra, y, tras cada una de esas sesiones de trabajo, conseguimos una tasa de éxito del 100 % para cerrar el proyecto. Los clientes experimentaron cómo se trabajaba con nosotros y también apreciaron el hecho de que fuéramos lo bastante honestos para decirles lo que realmente necesitaban.

CÓMO REALIZAR UN TALLER DE INTERVENCIÓN CREATIVA

Suponiendo que haya convencido a su cliente potencial de que un taller de intervención creativa es lo más adecuado para ellos, su equipo debe prepararlo. El tema global del taller de intervención creativa es «descubrimiento y alineación». Su objetivo es averiguar todo lo posible sobre el proyecto y descubrir las necesidades y visiones del usuario que el cliente no haya tomado en cuenta. Al realizar este proceso juntos en el transcurso del día, sus posibilidades de ganar la propuesta son mucho más elevadas que si la agencia se limitase a remitir un trabajo de muestra.

Aunque la agenda exacta y los ejercicios para cada taller dependerán de las necesidades de cada proyecto (un taller para una marca o campaña será muy distinto al de uno para un producto digital), estos son algunos ejercicios que le ayudarán a ponerse en marcha.

Durante el taller, es importante comenzar cada ejercicio exponiendo su objetivo y resultados. Hay libros enteros sobre metodologías y ejercicios para los talleres (recomiendo encarecidamente el libro de Jake Knapp *Sprint*, de Google Ventures[7]), pero, con independencia de la metodología empleada, cada ejercicio que se desarrolle en el taller de intervención creativa debe finalizar con un resultado concreto que sea de utilidad para el cliente (incluso si finalmente no se deciden por su agencia).

---

[7] http://www.gv.com/sprint/

EJERCICIO DE DEFINICIÓN DEL PERFIL DEL PÚBLICO

Tiempo necesario 120 minutos
Objetivo Definir los grupos de usuario objetivo para este proyecto y entender lo que realmente necesitan.

Preparación
→ Tarjetas en blanco impresas en folios para esbozar los perfiles.
→ Un ejemplo de una tarjeta cumplimentada en su totalidad, basándose en análisis documentales.
→ Al menos dos arquetipos de público objetivo para iniciar el debate si el grupo se atasca.

Desarrollo del ejercicio
→ El moderador pregunta al grupo cuál debería ser el siguiente arquetipo. El primero será el que requiera más tiempo.
→ El moderador proporciona ayuda según sea necesario para dirigir los ejercicios. En cuanto la tarjeta de perfil esté completa, el moderador la colgará en la pared.
→ Una vez que el grupo haya completado el primer arquetipo, restrinja el tiempo necesario para definir cada perfil adicional a 15 minutos.
→ En cuanto el grupo sienta que los tipos de público principales han quedado cubiertos, invite al grupo a revisarlos. No se deberían generar más de seis perfiles. Si crean más, el grupo debería examinarlos desde un punto de vista crítico y consolidarlos.

Resultado
Tarjetas completas para cada grupo principal de usuarios del producto o servicio.

EJERCICIO DE VISUALIZACIÓN DE PRODUCTO (O MARCA)

Tiempo necesario 120 minutos
Objetivo Identificar las oportunidades para el producto para cada grupo de usuario.

Preparación

→ Divida el espacio de una pared grande en una tabla de seis columnas y tres filas.
→ Cuelgue las tarjetas de perfiles del ejercicio en la parte superior de cada columna.
→ A la izquierda de cada fila se encuentra un título. De arriba abajo, estos son: «Necesidades», «Soluciones» y «Valores».

Desarrollo del ejercicio

→ Para cada público, el moderador pregunta al grupo lo que cada usuario necesita basándose en el contexto del producto o marca. Por ejemplo, si se trata de una aplicación para encontrar alimentos, podría ser «Necesito una manera de comprobar si el alimento que me como es adecuado para diabéticos».
→ Cuando la casilla de «Necesidades» para ese público esté completa, el moderador pasa a las «Soluciones». Para cada necesidad debería existir una solución. En el ejemplo de la aplicación para alimentos, una solución para la necesidad sería un filtro que permitiera visualizar únicamente los alimentos adecuados para diabéticos.
→ El paso final es el de «Valores», donde se escribirá el valor que la solución aporta a la vida de las personas. Para el mismo ejemplo, un valor podría ser «esta aplicación para encontrar alimentos es mi manera de encontrar alimentos deliciosos con independencia de mis necesidades nutricionales».

Resultado

Una tabla de visualización para el producto con las necesidades y sus oportunidades.

EJERCICIO DE TIPOS DE PÁGINA WEB

Tiempo necesario Al menos 90 minutos (dependiendo de la escala del producto digital).

Objetivo Definir las páginas (o pantallas) de una página web o proyecto de aplicación, su propósito y los elementos que contiene.

Preparación

→ Suficientes impresiones de la plantilla de la página tipo en blanco para que cada participante pueda mapear las páginas principales.

Desarrollo del ejercicio

→ El moderador explica el ejercicio y reúne una lista de las páginas que se comentarán en esta sesión. No debería haber más de 15 en una sesión de trabajo. Únicamente se incluyen las páginas principales del sitio; las páginas terciarias como las declaraciones legales, o páginas «estándar» que no requieren un ejercicio de pensamiento extenso (por ejemplo, una página de contactos o una página de preguntas frecuentes) no suelen incluirse.

→ El grupo se divide en equipos de dos y se reparten las páginas entre los equipos.

→ En un intervalo de treinta minutos, el grupo completa las plantillas del tipo de página para las páginas asignadas.

→ Cada equipo presenta sus plantillas completas para su comentario.

→ El moderador documenta los resultados y la discusión sobre las plantillas.

Resultado

Un mapa consolidado de las páginas en el sitio web.

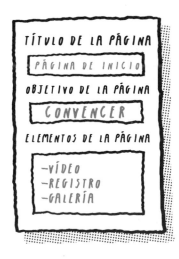

EJERCICIO DE VOCABULARIO VISUAL

Tiempo necesario 120 minutos
Objetivo Crear alineación sobre el lenguaje visual.

Resultado

Una alineación concreta sobre la dirección visual de la marca, campaña o producto.

(*Véase* pág. 71 para conocer los detalles completos sobre la manera de desarrollar este ejercicio).

PROPUESTAS GRATUITAS: UN CAMBIO LENTO

Mientras existan agencias y clientes, es probable que las propuestas gratuitas continúen formando parte del sector creativo hasta cierto punto. Si queremos cambiar esto, nosotros como industria tenemos la responsabilidad de educar a nuestros clientes sobre los motivos por los que el trabajo creativo sin remunerar no beneficia al trabajo ni al negocio. Llegue o no a convencerlos, tiene la oportunidad de educar a un cliente cada vez que recibe una solicitud para realizar un trabajo no retribuido. Las propuestas gratuitas han sido parte de la cultura del cliente y de las agencias durante décadas, por lo que, si queremos cambiar la manera de hacer las cosas, esta responsabilidad recae plenamente en nosotros.

ALCANCE

Algunas de las peores prácticas del sector creativo —horas extra, prisas en el trabajo, nervios a flor de piel, caos generalizado— a menudo tienen una causa raíz: un proyecto mal acotado. Podría tratarse de un presupuesto demasiado reducido, un plazo de entrega excesivamente corto o una lista de entregables inabarcables.

En lo que concierne a acotar los proyectos, los creativos solemos ser nuestro peor enemigo. Para nosotros, cuando un proyecto parece emocionantemente creativo, cualquier medida de realidad puede salir volando por la ventana. Nos damos prisa en la definición del alcance, accediendo a casi todo lo que el cliente nos pide en aras de ganar el proyecto. En muchas ocasiones, al principio de mi carrera, solía decir a un cliente potencial: «Hagámoslo y luego nos encargaremos de los detalles». Por supuesto, dos meses después, nos solía salir el tiro por la culata.

Los directores de cuentas y de desarrollo de negocio, cuyos salarios dependen (al menos parcialmente) de la venta de proyectos, con frecuencia también suelen ser responsables de la deficiente definición del alcance de estos, pues subestiman el esfuerzo que supondrá terminarlo correctamente debido a su falta de conocimiento, o simplemente porque les importa un rábano una vez que se han embolsado el dinero.

Sin importar quién sea el culpable de la falta de concreción, todos la sufren. Demasiadas promesas pueden ayudar a ganar un proyecto, pero suelen traer como consecuencia un estrés innecesario, el incumplimiento de los plazos y muchas horas extra: a corto plazo, un cliente insatisfecho y un equipo enfadado.

LOS PROBLEMAS DE UNA MALA DEFINICIÓN DEL ALCANCE

En una etapa u otra de nuestra carrera, la mayoría de nosotros aprenderemos la lección de lo que supone un proyecto mal acotado. Habitualmente suele bastar con un incidente para hacernos reflexionar con cuidado antes de volver a decir que sí a cualquier futuro deseo de un cliente. Hace un par de años, cometí un error en un gran proyecto para una empresa del Fortune 500. El proyecto, de varios meses de duración, comprendía el rediseño y la construcción de una gran página web corporativa. El presupuesto era enorme. Con las prisas por cerrar el trato, reunimos a nuestro equipo y definimos el alcance del proyecto y la propuesta suponiendo que, como se trataba de «un gran presupuesto, ya estaría bien». Finalmente, no resultó serlo y no tardaríamos mucho en darnos cuenta.

INDEPENDIENTEMENTE DE QUIÉN SEA EL CULPABLE DE UNA MALA DEFINICIÓN DEL ALCANCE, TODOS LA SUFREN.

El documento era vago y podría describirse como un cheque en blanco que prometía entregar cualquier idea aleatoria que se le ocurriera a nuestro cliente. No resultaba pues sorprendente que el cliente estuviera encantado con la propuesta y que firmara el proyecto. Nuestra felicidad fue efímera. A las pocas semanas de comenzar el proyecto, nos dimos cuenta de que había una montaña de arquitectura de sistemas heredada que debíamos descifrar durante semanas, o incluso meses, antes de poder comenzar a escribir la primera línea del código.

Las últimas semanas del proyecto fueron un auténtico infierno. Intentar embutir una montaña de funciones novedosas en un sistema antiguo, aunado a la continuada valoración del cliente, era como tener que beber de una manguera de incendios mientras montas en monociclo. Durante el último mes trabajamos 60 horas cada semana con un equipo bastante insatisfecho que estuvo a punto de abandonar.

En una retrospectiva de grupo después de concluir el proyecto, nuestro equipo identificó que se pudo haber evitado si el proyecto se hubiera acotado correctamente desde un principio. La lección: hay que tomarse el tiempo necesario para definir el

¿CÓMO DEBERÍA PRESUPUESTAR UN PROYECTO?

Comience aquí → **TIPO DE PROYECTO**

PLAZO DE ENTREGA FIJO

PEQUEÑO PROYECTO DIGITAL

PROYECTO CONTINUO

GRAN PROYECTO DIGITAL

¿HA INCLUIDO TODAS LAS ÁREAS EN LA PLANIFICACIÓN?

SÍ

NO

¿HA DEFINIDO LAS ENTREGAS DE MANERA EXACTA Y CUANTIFICABLE?

SÍ

NO

NO SE SALTE ESTE PASO

PRECIO FIJO

Los proyectos de ámbito cuantificable son susceptibles de presupuestarse con una cantidad fija, ya que son predecibles.

PRESTACIÓN REGULAR

Para trabajos continuados, un contrato de prestación regular puede ser una elección adecuada, ya que el cliente puede ajustar sus entregas en un presupuesto establecido.

PROYECTO FLEXIBLE

Debido a los imponderables y la complejidad, los grandes proyectos digitales son extremadamente difíciles de acotar con un precio fijo.

alcance de un proyecto creativo. Es un tema crucial. Una vez firmado el contrato, una mala definición del alcance es difícil de rehacer, y el equipo creativo que trabaja en el proyecto se encuentra bastante limitado por el ridículo plazo de entrega acordado (a menudo sin su opinión). No solo eso, sino que un alcance mal definido desencadenará multitud de problemas.

REQUIERE HORAS ADICIONALES

Los proyectos mal acotados son una de las principales razones por las que se requiere trabajar horas extra en la industria creativa. Prácticamente sin excepción, cuando un proyecto está mal acotado, habrá que darse prisa al final para cumplir el plazo de entrega.

DEVALÚA EL TRABAJO

Un alcance mal definido siempre conlleva más trabajo del presupuestado, nunca menos. Esto a su vez devaluará la calidad del mismo, lo que con llevará una reducción, literalmente, del precio por línea de trabajo en el transcurso del proyecto. La peor parte es que, una vez que el cliente haya conseguido estirar el alcance una vez, puede tener la seguridad de que volverá a hacerlo. En algunos casos extremos, esto supone terminar la relación con un cliente por haberle dado una estimación distorsionada del coste del trabajo creativo.

> UN ALCANCE MAL DEFINIDO SIEMPRE CONLLEVA MÁS TRABAJO QUE EL ORIGINALMENTE PRESUPUESTADO.

LA CALIDAD SUFRE

Cuando hay prisa por terminar el trabajo, no hace falta un genio para darse cuenta de que la calidad se resiente. Aunque puede ser normal que algún proyecto deba gestionarse con prisa, hacer de esto un hábito conllevará un trabajo mediocre. Cuando alguien decide si contratarle o no en función de su portafolio, no le importará si necesitó dos horas o dos meses para realizar un proyecto concreto, simplemente le preocupará su calidad.

CUESTA DINERO

Incluso si no le preocupa su equipo ni la calidad del trabajo, una mala definición del alcance cuesta dinero. Cuando se encuentra inmerso en un proyecto mal acotado y está luchando por terminarlo a tiempo, es inevitable dedicar más personal a esta tarea o contratar a un *freelance* para terminarlo. No resulta sorprendente que con más personal el coste sea superior.

PRECIO FIJO VS. ALCANCE FLEXIBLE Y ÁGIL

Hay dos maneras principales de presupuestar un proyecto creativo. El cliente puede adquirir un entregable, o puede comprar tiempo. Cada método tiene claras ventajas e inconvenientes.

La definición del alcance basada en entregables con un precio fijo es probablemente la manera más común de presupuestar un proyecto creativo. El alcance con precio fijo es simple: «Me pagas X y obtienes Y». Superficialmente, los beneficios de un precio fijo son claros. El cliente sabe exactamente lo que obtendrá, y la agencia o creativo contará con un ingreso fijo garantizado para preparar cierto trabajo. Sin embargo, en el fondo, el modelo de precio fijo conlleva un gran problema: la falta de flexibilidad. Un precio fijo es inamovible. Esto hace que cualquier modificación en el alcance, algo que podría darse de manera espontánea en el transcurso de un proyecto, resulte muy difícil. Requerirá volver al Inicio, realizar ajustes y volver a pasar por todo el proceso de aprobación.

Un precio fijo y los entregables correspondientes se deciden cuando se dispone de la mínima cantidad de información, esto es, antes del inicio de un proyecto. Esto no suele ser un problema para un proyecto como el diseño de una marca o una campaña con un número fijo de entregables. Sin embargo, cuando se trata de un producto digital o cualquier asunto relacionado con la tecnología —algo que sea susceptible de sufrir constantes modificaciones—, un alcance fijo puede convertirse en un problema importante. ¿Cómo puede alguien realizar una estimación realista sobre el tiempo que será necesario para implementar una característica específica antes de acordar los componentes tecnológicos? Los precios fijos para los productos digitales complejos son un problema desde el principio y deben evitarse a toda costa.

La segunda manera de presupuestar un proyecto creativo es cuando el cliente compra tiempo. Existen distintas maneras de formularlo, desde la simple facturación por horas hasta la provisión regular de fondos donde el cliente compra X número de horas por mes. El problema con la facturación basada en el tiempo es la falta de claridad: el cliente no sabe realmente lo que está obteniendo, y el creativo o la agencia no sabe exactamente cuánto trabajo esperar o garantizar, por lo que resulta difícil de planificar. Sin embargo, la ventaja resulta clara para ambas partes: comprar tiempo supone que los cambios pueden incorporarse fácilmente sin necesidad de modificar documentos definitorios, a menudo largos y complejos.

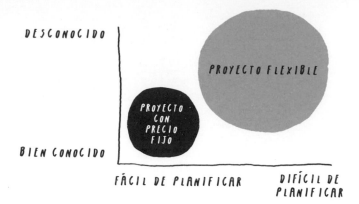

ENFOQUE FLEXIBLE

Un modelo híbrido entre el precio fijo y la facturación por horas es el presupuesto flexible. El cliente aún tiene la seguridad de trabajar con un precio fijo, pero en lugar de pagar por un conjunto prefijado de entregables, el cliente trabaja con los creativos para definir una guía de lo que debe conseguir el proyecto con el «tiempo adquirido». Esto resulta especialmente indicado en el caso de productos digitales, donde la asignación de una lista exacta de entregables puede resultar peligrosa.

Un modelo de presupuesto flexible proporciona al cliente la flexibilidad de intercambiar ítems en cualquier etapa del proyecto sin un coste adicional (siempre y cuando aún quede dentro del tiempo presupuestado). Adicionalmente, este enfoque permite los cambios incorporando el aprendizaje al proyecto y permitiendo al equipo el ajuste del rumbo en consecuencia.

Digamos, por ejemplo, que está trabajando en una aplicación de reservas para una agencia de viajes. A mitad del proyecto, después del primer lanzamiento beta, se recibe una ronda de comentarios de los usuarios. En estos se indica que los usuarios querrían ver más imágenes reales de los hoteles, quizá incluso llegar a integrar el contenido de Instagram en la aplicación. Por otra parte, parece ser que prácticamente nadie ha iniciado el trabajo en la funcionalidad de mensajería. En un proyecto flexible, puede adoptar fácilmente estos hallazgos y volver a priorizar los trabajos en función de los mismos, centrándose ahora en la integración de Instagram y retrasando los desarrollos en el sistema de mensajería sin necesidad de escribir una nueva propuesta.

Este enfoque requiere de confianza mutua, por lo que funciona mejor con un cliente con el que previamente haya establecido una buena relación. Si puede conseguir que su cliente acepte la idea de un presupuesto flexible, será, de hecho, la mejor manera de enfocar el presupuesto con éxito.

CÓMO DEFINIR EL ALCANCE DE UN PROYECTO CON PRECIO FIJO

Aunque resulte preferible utilizar un enfoque flexible para definir el alcance de un proyecto, la gran mayoría de las propuestas en el sector creativo son de precio fijo; en muchos casos, el cliente insistirá en ello. Si debe utilizar el enfoque de precio fijo, invierta el tiempo necesario para definir el alcance, lo que a largo plazo le ahorrará tiempo, dinero y una gran cantidad de estrés.

INCLUYA TODAS LAS DISCIPLINAS

Puede que parezca una perogrullada, pero asegúrese de que cuenta con un representante de cada una de las disciplinas que trabajarán en el proyecto. Según mi experiencia, las omisiones más flagrantes en los procesos de definición del alcance suelen ser las del departamento tecnológico, que con frecuencia constituye la parte más significativa del proyecto. Tómese su tiempo e implique a todas las partes, desde redactores creativos hasta desarrolladores, para conocer sus aportaciones.

OBTENGA LAS APORTACIONES DE LAS PERSONAS QUE REALMENTE HACEN EL TRABAJO

Aunque la aportación de cada una de las disciplinas implicadas resulta muy importante, consulte también al equipo que trabajará en el proyecto, no a sus jefes directos en cada departamento. Una advertencia en este punto es que cuanto más inexpertos sean los individuos, más tiempo creen que necesitarán, por lo que sus aportaciones deberían ser ponderadas en consecuencia.

PLANIFIQUE EL PEOR CASO

La ley de Murphy establece que si algo puede ir mal, irá mal. En un proyecto creativo esto se interpreta como «si algo puede ir mal, irá mal, y finalmente el cliente lo cambiará de todas maneras». Incluya un mínimo de un 10 % de margen de tiempo en todos los proyectos para poder asumir cualquier desarrollo inesperado.

SEA EXASPERANTEMENTE ESPECÍFICO

Si está trabajando con un presupuesto fijo con entregables fijos, no puede dejar de ser demasiado meticuloso al definir el proyecto. El documento debe especificar lo que incluye y deja de incluir, cuántas revisiones se harán, en qué momento y con qué formato.

RECUERDE ESPECIFICAR LO QUE NO SE INCLUYE

Tradicionalmente, los ítems como las imágenes de archivo, las licencias para las fuentes, el encargo de fotógrafos o ilustradores y los gastos de viaje no se incluyen en el precio. Al redactar el presupuesto, recuerde especificar los costes adicionales o de terceras partes que no están incluidos.

REDACTAR UN PRESUPUESTO DE PRECIO FIJO

Un presupuesto de precio fijo bien redactado suele ser un documento extenso, y por una buena razón. Un presupuesto de precio fijo debería contener los siguientes elementos:

1: DESCRIPCIÓN DE CADA FASE DEL TRABAJO

Además de mencionar cada fase, compruebe que describe el objetivo. Por ejemplo, para una «fase conceptual del logo», la descripción sería: «Definir una gama de conceptos de la que el cliente seleccionará una».

2: ENTREGABLES

Al describir los entregables, sea específico hasta decir basta. Por ejemplo:

→ Se crearán tres direcciones para el logo que se presentarán al cliente en persona, en su oficina.

→ Para la presentación del concepto, cada dirección será bosquejada en tres aplicaciones de muestra: pantalla de carga de la aplicación, tarjeta de visita y membrete de correspondencia.

→ Después de la presentación, el cliente elegirá una dirección. Si uno de estos logos no se considera adecuado, la agencia puede proporcionar direcciones adicionales según el tiempo y los materiales.

→ El cliente dará su *feedback* o valoración en cuanto al concepto de logotipo escogido. Una valoración adicional se contemplará aparte.

→ Todas las valoraciones se entregarán por escrito. Además, un representante del cliente debería estar disponible telefónicamente para aclarar las dudas que pudieran surgir sobre dichas valoraciones.

→ La aprobación del concepto final se dará por escrito.

3: COSTES

Por motivos de transparencia, desglóselos por horas (o días, dependiendo de la preferencia del cliente) e incluya, además, un desglose por cada departamento implicado en las distintas fases.

4: CRONOGRAMA

Toda propuesta debe incluir un cronograma de entregables y, lo que es más importante, de cuándo se espera la valoración. Adicionalmente, compruebe que incluye una frase que establezca que el retraso en las valoraciones tendrá un efecto sobre los entregables posteriores.

CALCULADORA DE PRESUPUESTO FIJO

TARIFA DIARIA

El punto de referencia.

DÍAS OFERTADOS

Una estimación aproximada basada en un acuerdo con todas
las competencias que estarán implicadas en el proyecto.

CLIENTE DIFÍCIL (+5%)

¿Espera una serie infinita de valoraciones? Inclúyalas.

TRABAJO CON PRISAS (+5%)

Nadie debería tener que trabajar el fin de semana.
Cobre estas horas extra.

ENTREGABLES POCO CLAROS (+10%)

Mejor aún, aclare los detalles y ahorre tiempo y dinero.

INCERTIDUMBRES TECNOLÓGICAS (+10%)

La tecnología desconocida es un agujero negro, y debe contemplarse.
Idealmente, es mejor aún utilizar un cálculo basado en el tiempo.

TOTAL:

SESIONES INFORMATIVAS

Estoy acostumbrado a trabajar con un director creativo —llamémosle Andrew Arugulaoff— que vivía su vida según el mantra «¿No hay sesión informativa? No trabajo». Era dogmático sobre este tema hasta decir basta. ¿Quieres diseñar una nueva pantalla de carga para una aplicación? Escríbeme un informe. ¿Quieres cambiar la fuente en un póster? Escríbeme un informe. ¿Quieres aclarar el color de un botón? Escríbeme un maldito informe. Tal era su creencia en este mantra que no me habría sorprendido que llevara este eslogan tatuado en sus nalgas. El eslogan de Andrew era legendario en la agencia y, para delicia de todo el departamento creativo, solía volver locos a los de cuentas.

Aunque este enfoque tan dogmático puede parecer un poco extremo, no puedo más que enfatizar la importancia de una sesión informativa adecuada en cualquier proyecto. Con demasiada frecuencia, los creativos se ven arrastrados a producir un trabajo sin la información apropiada. Al carecer de la información necesaria, o con unas instrucciones incompletas, se trabaja de manera poco eficiente y se pierde el tiempo. Se comienza a recorrer el camino incorrecto desde un inicio.

Ya sea un *freelance* que trabaja por su cuenta, un diseñador júnior en una agencia, el diseñador interno de producto en una empresa, o incluso un jefe creativo, no existe encargo alguno que no se beneficie de tomarse treinta minutos para escribir un informe adecuado. Independientemente de su extensión, o incluso si solo es para usted, cualquier tarea creativa necesita un objetivo claro y una lista de entregables definida antes de comenzar a trabajar. ¿No hay sesión informativa? No hay trabajo.

LAS MALAS SESIONES INFORMATIVAS SON PARA LOS INDESEABLES

Una sesión informativa puede, literalmente, construir o destruir un proyecto creativo. Hágalo bien, y podrá trabajar de manera eficiente, desarrollar un trabajo estratégico que cumpla las expectativas del cliente y, lo que es más importante, permita que todos vuelvan a casa a tiempo. Deje de informar correctamente y se enfrentará a una retahíla de trabajo creativo falto de estrategia, horas extra y un cliente insatisfecho. A pesar de todo esto, una mala sesión informativa aún es sorprendentemente común en este ámbito. Dada la prisa y los ajustados plazos de entrega con los que solemos trabajar, en ocasiones un encargo parece demasiado pequeño y el plazo demasiado corto para andar «perdiendo el tiempo» en una sesión informativa a los creativos. Esto siempre le pasará factura.

Permítame darle un ejemplo. Hace unos cuantos años, trabajé en un proyecto regular de contenidos para la corporación de un gran cliente. «Proyecto regular de contenidos» era una manera elegante de decir que una vez por semana buscábamos una imagen para el nuevo artículo de su blog. Dada la naturaleza aparentemente «sencilla» de esta tarea, no había un líder sénior para el proyecto ni participamos en ninguna sesión informativa. A cambio, un diseñador afortunado sería asignado para crear la imagen de la semana, lo que le obligaría a pasar días enteros peinando Getty Images buscando algo que representara un tema abstracto como «extensión MOB»

UNA SESIÓN INFORMATIVA PUEDE LITERALMENTE CONSTRUIR O DESTRUIR UN PROYECTO CREATIVO.

(¡sí, es real!). Era terrible. Como nunca recibimos una sesión informativa para las tareas, el diseñador pasaba la mitad del tiempo intentando averiguar qué demonios significaba «extensión MOB» y la otra mitad intentando desesperadamente encontrar una manera de representarlo buscando en Getty Images hasta media noche cada día. Así, una semana tras otra, este proyecto consumió una gran parte de nuestro presupuesto, hasta llegar al punto de que nos costaba dinero trabajar en el proyecto.

HACER O NO UNA SESIÓN INFORMATIVA...

SESIÓN ADECUADA

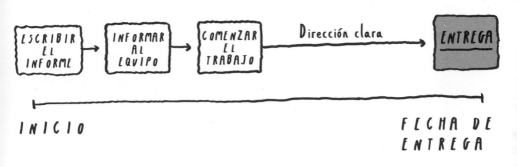

SIN SESIÓN

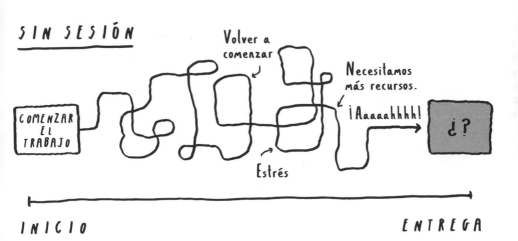

Finalmente, quedó claro que teníamos que cambiar el proceso y detener el proyecto. El director creativo de la cuenta —un individuo muy experimentado— fue testigo del caos resultante y, después de reprender severamente al equipo que llevaba la cuenta, se unió al proyecto.

Ya no hubo más días sin objetivo recorriendo sin cesar las imágenes de Getty; en cambio, cada encargo de selección de imágenes comenzaba con una sesión informativa completa para entender e identificar correctamente los temas del asunto a tratar, a lo que seguía una breve sesión de lluvia de ideas para definir los tres conceptos que el diseñador debía conseguir. La reunión informativa solo añadía una hora al inicio de la semana, pero ahorraba días enteros en la búsqueda de la imagen. No solo eso, sino que la diferencia en la calidad del resultado fue como el día y la noche. Trabajé personalmente en algunas de estas imágenes y aún estoy orgulloso de los resultados, y eso fue debido en gran parte a las buenas sesiones informativas.

MALAS SESIONES INFORMATIVAS

Con demasiada frecuencia, las sesiones informativas creativas suelen darse de forma verbal o simplemente no son demasiado específicas. Una mala sesión informativa suele adolecer de uno de los siguientes problemas:

→ La información no está escrita o no existe.
→ No se realiza una reunión informativa personal en la que los creativos puedan formular sus dudas.
→ El informe es demasiado largo.
→ Las expectativas concretas y los entregables —así como los responsables— no están claramente definidos.
→ Los plazos de entrega no están claros.

CÓMO REALIZAR UNA CORRECTA SESIÓN INFORMATIVA

Una buena sesión informativa para un proyecto debe contener dos elementos clave: una reunión inicial presencial donde se pueden formular preguntas, y un informe por escrito que puede usarse como referencia constante para el equipo creativo mientras trabajan en el proyecto.

BUEN INFORME	MAL INFORME

ESCRITO

¡A DISEÑAR UNA APLICACIÓN!

SOLO ES VERBAL

LISTADO CLARO

FARRAGOSO E INCONEXO

MAYO

FECHAS DE ENTREGA CLARAS

SIN PLAZO DE ENTREGA

DETÉNGASE Y ESCRIBA UN INFORME

Sin importar el tamaño del proyecto, la prisa que tenga, o lo ajustado del plazo de entrega, siempre ahorrará tiempo al estar preparado. Es posible que le lleve un par de horas preparar y ejecutar el informe, pero no tenerlo le puede costar días o incluso semanas.

INCLUSO SI TIENE UN INFORME DEL CLIENTE, REHÁGALO

Aunque haya recibido un informe del cliente, en la mayoría de los casos tiene sentido rehacerlo. No solo se trata de un ejercicio de cambio de formato: la intención es estructurarlo y priorizar sus necesidades de tal manera que pueda sacar el mayor rendimiento de su equipo creativo.

HAGA TAMBIÉN UNA SESIÓN INFORMATIVA PRESENCIAL

Además del informe escrito, siempre es importante realizar una sesión presencial (o telefónica). Nada puede sustituir a una sesión en la que el cliente o el equipo de la cuenta pueda transmitir directamente los objetivos que debe alcanzar el trabajo creativo, además de aclarar cualquier duda por parte de los creativos que trabajen en el proyecto.

DÉ PIE A FORMULAR PREGUNTAS

Los creativos suelen estar asombrosamente callados cuando llega el momento de hacer preguntas. Anímelos a expresar lo que realmente están pensando.

CÓMO ESCRIBIR UN BUEN DOCUMENTO INFORMATIVO

No hace falta ser una lumbrera para escribir un buen documento. De hecho, basta con seguir una fórmula a prueba de tontos que puede reutilizarse para prácticamente cualquier proyecto. Este documento es breve y claro, utiliza viñetas con frases cortas en lugar de párrafos y una extensión de menos de dos páginas —los creativos se desconectan si se alarga—. Existen distintas maneras de redactar un informe, pero en general suelen seguir esta estructura:

CONTEXTO

El contexto del encargo sirve para entender las razones por las que el cliente está realizando este proyecto. Quizá se haya encontrado con un nuevo competidor en el mercado, lo que les llevaría a realizar una nueva campaña. O quizá una ronda de valoraciones de los usuarios les ha indicado que la página inicial de su aplicación necesita una revisión. Suele tener una extensión de uno o dos párrafos y suele ser la parte más ampulosa del informe (y, por lo tanto, la más ignorada por los diseñadores).

ANATOMÍA DE UN BUEN INFORME

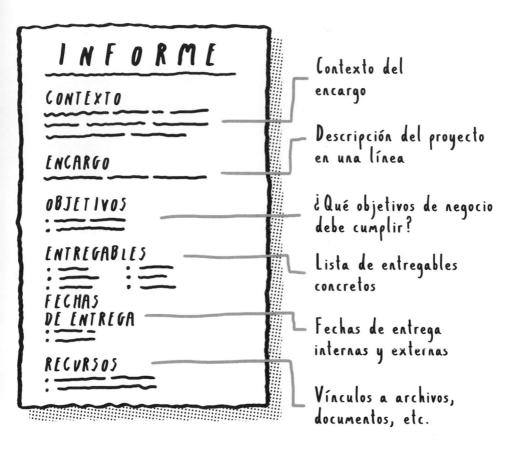

INFORME

CONTEXTO — Contexto del encargo

ENCARGO — Descripción del proyecto en una línea

OBJETIVOS — ¿Qué objetivos de negocio debe cumplir?

ENTREGABLES — Lista de entregables concretos

FECHAS DE ENTREGA — Fechas de entrega internas y externas

RECURSOS — Vínculos a archivos, documentos, etc.

ENCARGO

Aquí se recoge exactamente lo que se debe hacer. No debería tener una extensión de más de una línea; los entregables detallados se formulan más adelante.

OBJETIVOS

Si este encargo debe resolver objetivos concretos de negocio o para el usuario, estos deben listarse en este apartado. ¿Deben incrementarse las ventas? ¿O facilitarse el acceso de los usuarios a sus cuentas? Estos puntos deben ser específicos y cuantificables.

LA ESTRATEGIA

Es necesario que esté incluida en las campañas publicitarias y proyectos de marca. Define el mensaje central de comunicación o marca que debemos transmitir, y también se conoce como «la Gran Idea». Por ejemplo, podría ser «Fluffy es la más suave del mercado» para la campaña de una nueva marca de papel higiénico.

ENTREGABLES

Estos deberían describirse con frases cortas y viñetas que conformen una lista exacta de las necesidades a producir. Sin florituras; debe ser la parte más concisa del informe. Por ejemplo, ¿cuántas versiones del concepto deben presentarse? ¿De qué tamaño deben ser los anuncios?

FECHAS DE ENTREGA

El informe debería detallar no solo la fecha final, sino los diferentes hitos durante el desarrollo del proyecto —revisiones internas, primera presentación al cliente, presentación final de los diseños revisados, y fecha final de producción—.

RECURSOS

Haga una lista de recursos adicionales. Sea específico sobre el propósito de incluir cada uno de estos recursos en el informe y deje bien claro los que hay que leer de forma obligatoria y cuáles son opcionales. No hay nada peor que recibir una lista de cinco libros del tamaño de una enciclopedia en un informe y no saber qué hay que hacer con ellos. Adicionalmente, si hay algún ejemplo que ayude a aclarar su punto de vista, no deje de incluirlo. De nuevo, especifique su inclusión. Si incluye un diseño de aplicación que ha resuelto un problema similar de una manera novedosa, recuerde destacar cuál fue esa característica. Por ejemplo: «Comprobar la aplicación de Instagram en lo que concierne a moverse a distintos perfiles dentro de la misma aplicación».

SESIONES INFORMATIVAS VISUALES

Dada la naturaleza visual del trabajo creativo, en ocasiones un informe por escrito no es suficiente. A un cliente no visual le será difícil articular el aspecto y la sensación que debe comunicar su proyecto. Esto suele suponer la producción de muchas direcciones de concepto en la espera de que uno de ellos dé en el blanco con el cliente. Sin embargo, hay otra manera de conseguir que incluso el cliente menos visual nos proporcione un informe que reduzca en gran manera la cantidad de trabajo de adivinanza que debemos realizar, y producir un trabajo con mayor probabilidad de acertar desde un inicio. Esta técnica se denomina «ejercicio de vocabulario visual».

El ejercicio de vocabulario visual es una sesión práctica que ayuda a determinar la dirección de este tipo de lenguaje. Se centra en torno a un «muro visual» a gran escala de material de referencia que se ha preparado con antelación. El cliente (o grupo de clientes) retira, intercambia y realiza anotaciones acerca de los ítems en el muro y explica por qué han dejado algunos de ellos (por ejemplo, «Esta fuente se parece a nosotros porque es moderna»). El propósito del ejercicio es proporcionar al cliente una manera de compartir sus sentimientos sobre el aspecto o las sensaciones que deberían transmitir sus productos, incluso si carecen del vocabulario verbal para expresarlo. No todos los clientes tienen el conocimiento de diseño necesario para afirmar: «Nuestra marca debería utilizar una fuente con serifas para dar una impresión más institucional».

DADA LA NATURALEZA VISUAL DEL TRABAJO CREATIVO, EN OCASIONES UN INFORME POR ESCRITO NO ES SUFICIENTE.

El ejercicio requiere bastante preparación anticipada, pero el esfuerzo es mucho menor que trabajar durante semanas sobre docenas de direcciones creativas que no tenemos la certeza de que agradarán al cliente. Lo que es importante enfatizar es que el vocabulario visual no es un collage de ideas. Es una matriz bien focalizada para captar la sensación del posicionamiento que el cliente quiere dar a su marca o producto dentro de un paisaje visual de posibilidades infinitas. Combinado con una reunión presencial y un buen informe por escrito, constituirá la sesión informativa más directa y útil que podrá dar a un creativo.

EL EJERCICIO DE VOCABULARIO VISUAL

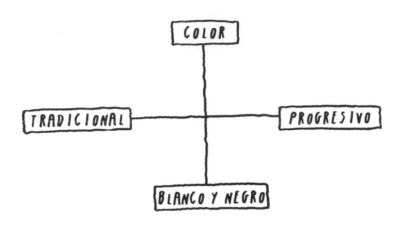

1. DEFINIR EL EJE

3. LOS CLIENTES ELIMINAN LOS ÍTEMS QUE NO RELACIONAN CON SU MARCA

2. CONSTRUYA UN MURO VISUAL CON MATERIAL DE REFERENCIA

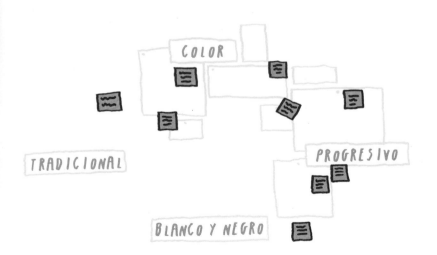

4. LAS NOTAS DE LOS COMENTARIOS SON LA BASE DE LOS INFORMES CREATIVOS

VALORACIÓN

El sector creativo está plagado de originales anécdotas de individuos famosos que, en el transcurso de un proyecto, entran y deciden arrasar con semanas de trabajo y comenzar desde cero en su búsqueda de la «grandeza». Esto es, por supuesto, parte de cualquier proceso que busca obtener un producto de calidad. Sin embargo, según mi experiencia, el liderazgo creativo a menudo se encuentra con dificultades para proporcionar una valoración útil a sus equipos.

Una valoración clara y sin ambigüedades es un elemento crítico para obtener un buen trabajo. Esto no significa ser un cretino, sino hablar de manera honesta, clara y directa. Los directores creativos a menudo olvidan que lo que para ellos está claro como el agua puede no estarlo para un diseñador principiante. El resultado es un diseñador frustrado y un director creativo que no comprende por qué el otro «no lo entiende».

En mis primeros años como director de diseño, solía reunir al equipo de diseño para hacer mi aportación sobre sus soluciones. Solía ofrecer juicios del tipo «¡debe ser más atrevido!» o «hagámoslo más épico», lo que, en el fondo, resultaba incomprensible; era poco claro, nada específico y completamente inútil. Un buen líder se reduce al mínimo común denominador cuando se trata de transmitir una información o informe o una valoración. Si su interlocutor no lo entiende, su juicio será inútil. De otro modo, cuando la siguiente ronda de trabajo vuelva a parecerle muy cutre, será su culpa, y solo suya.

CÓMO NO HACER VALORACIONES

Existe un segundo grupo de líderes creativos, menos agradables, que también son nefastos en lo que concierne a las valoraciones. No se trata de otros que de nuestros antiguos y encantadores amigos, losególatras. A estos les gusta utilizar la oportunidad de hacer valoraciones como un ejercicio de construcción del ego. Consiguen ponerse frente a los tímidos júnior y parecer «listos». Deleitan a la audiencia con sus pinceladas de sabiduría de los «buenos tiempos». Sobre todo, creen que han cimentado su relevancia en un mundo en el que sus habilidades toman el camino de los dinosaurios. No hay nada más ridículo (y, francamente, vergonzoso) que ver a un hombre de cincuenta y cinco años, que nunca ha tenido un teléfono inteligente, al frente de una sala de reuniones, explicando a un diseñador digital de veintiséis años con grandes habilidades la experiencia que espera recibir un usuario de móvil. Pero ocurre cada día. De hecho, si trabaja en una gran agencia, es probable que esté ocurriendo en su oficina en este momento.

La mayoría de las agencias cuentan con al menos un director creativoególatra al que nada le gusta más que el sonido de su propia voz. El más memorable que conocí fue una directora creativa ejecutiva —llamémosla Gertrude Gringlegoggles— en una gran agencia. Gertrude era una persona muy desagradable.

LAS VALORACIONES CLARAS Y SIN AMBIGÜEDADES RESULTAN CRÍTICAS PARA LA OBTENCIÓN DE UN BUEN TRABAJO. ESTO NO SIGNIFICA QUE HAYA QUE SER UN CRETINO.

Conocí a Gertude en un gran proyecto en el que nuestros equipos trabajaban juntos. Gertrude era una mujer muy seria con formación en publicidad y tenía unos treinta años de experiencia. Dirigía un gran equipo de creativos con talento, pero, vista la forma en que los trataba, me sorprende que tuviera más de un empleado. Era una tirana, y este comportamiento se volvía más evidente cuando se trataba de emitir valoraciones.

A Gertrude le encantaba contar con público cuando realizaba sus juicios. Invitaba a todos los miembros del equipo a una reunión en la mayor sala de reuniones disponible. El trabajo se proyectaba en la pantalla y todos tomaban asiento. El equipo se sentaba a su alrededor, tenso, mientras observaba la pantalla, al tiempo que los únicos sonidos audibles eran el zumbido del proyector y la pesada respiración de Gertrude. Después de lo que parecía una eternidad, se aclaraba la garganta y, con una voz rota, no muy distinta a la de Sauron, decía: «¿Quién puso los botones verdes?». Toda la sala se congelaba en un silencio sepulcral. Yo ni siquiera trabajaba para esta mujer y casi me cagué encima. Desde una esquina, un miembro de su equipo levantó lentamente la mano, teniendo claro lo que se le avecinaba.

«El verde es el color de marca del cliente e insisten...», comenzó a tartamudear antes de que Gertrude le interrumpiera. «¿Eres estúpido? El verde es un color detestable.»

EL TEMIBLE CICLO DE LA VALORACIÓN

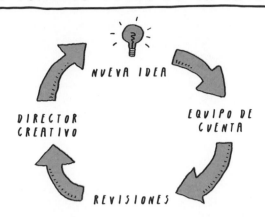

NUEVA IDEA

DIRECTOR CREATIVO

EQUIPO DE CUENTA

REVISIONES

(Repita este proceso hasta un minuto antes de la fecha de entrega. ¡Divertido!)

Es el color del vómito. ¿Quieres que el usuario vomite? ¡Esta página parece como si la hubieras vomitado de tu boca, estúpido idiota!».

Gertrude se levantaba tambaleante, se dirigía al equipo de diseño y comenzaba una de sus famosas diatribas. «¿Es que no tenéis nociones de creatividad? ¡Todo lo que os preocupa es hacer que funcione! Os importa un comino la idea. Cuando creé la campaña de publicidad con mayor éxito de todos los tiempos en 1986, ¡hicimos cosas que resultaron inolvidables! INOLVIDABLES. ¡¿Esta porquería os parece inolvidable?!». Y apuntaba hacia la pantalla. No quise decirlo en ese momento, pero el equipo no tenía como objetivo hacer que el «informe de errores» tuviera un aspecto inolvidable en la pantalla.

En líneas generales, nuestro equipo se encontraba a salvo de la ira de Gertrude. Sin embargo, en una ocasión, en una fecha cercana al lanzamiento del proyecto, recibí un correo electrónico suyo con valoraciones para nuestro equipo. El correo electrónico estaba redactado en un inglés apenas coherente. Parecía una nota de enfado de una criatura de seis años. Algunas frases que Gertrude consideraba de una importancia particular estaban resaltadas para darle un mayor impacto. «¿Sois estúpidos?» y «¡Esto es vergonzoso!» eran dos de mis favoritas. Por supuesto, la valoración no contenía acciones concretas y era inútil, salvo como bronca.

Nuestro equipo solía reunirse después de estas sesiones para intentar interpretar la intención subyacente a la diatriba. Después de todo, ¿cómo hacer menos vergonzoso el diseño de la interfaz de usuario (IU) de un formulario de contacto? Si el proyecto no se hubiera encontrado en la semana anterior a su lanzamiento, le habría dicho a Gertrude exactamente dónde se lo podía meter.

Lo que la gente como Gertrude suele olvidar es que el verdadero propósito de las valoraciones es doble. En primer lugar, y lo que resulta más obvio, es dirigir la innovación y obtener el mejor resultado posible de un equipo. Sin embargo, existe un segundo factor de éxito en cuanto a las valoraciones: el crecimiento del equipo. Una buena valoración constituye una oportunidad de aprendizaje para que el equipo aprenda cómo hacerlo por sí mismo en la siguiente oportunidad. Al ególatra no le importa un comino la segunda parte.

Ahora, seamos claros: en realidad no estoy sugiriendo que las valoraciones se conviertan en un ejercicio para provocar felicidad. Todo lo contrario. Sin una valoración directa y honesta, viviríamos en un mundo lleno de mediocridad, trabajo aburrido y nula innovación. Una valoración directa y honesta es crítica para tener un equipo que desarrolle un gran trabajo. Sin embargo, sea buena o mala la valoración, el aspecto más importante consiste en explicar el porqué de esta. De no ser así, ¿cómo puede hacer crecer al equipo? Una valoración negativa es una excelente oportunidad de aprendizaje, siempre y cuando se transmita de manera constructiva. Cuando un ególatra entra y grita «¡Empieza de nuevo!» sin otro tipo de razonamiento que «no es suficientemente bueno», ¿qué tipo de experiencia de aprendizaje constituirá para el equipo?

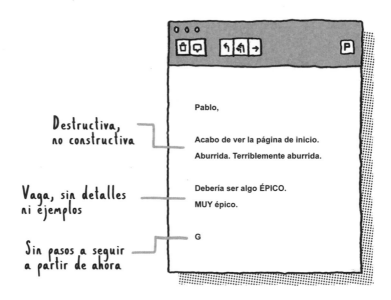

LO QUE SE DEBE Y NO SE DEBE HACER EN UNA VALORACIÓN

Así es cómo puede proporcionar incluso la valoración más mordaz sin ser un indeseable (y hacer que, de paso, su equipo aprenda algo).

SEA DIRECTO Y HONESTO

No dore la píldora en las valoraciones. Sea siempre directo y honesto. Un director creativo que dora la píldora obtendrá un trabajo mediocre. Sea amable y respetuoso, pero vaya al grano y muéstrese inflexible. No se sienta culpable o temeroso de hacer que vuelvan a comenzar desde el principio.

SEA POSITIVO Y CONSTRUCTIVO

El ególatra no quiere ceder su poder o control a los demás, y esta es la razón por la que son tan malos líderes. El trabajo de un buen líder creativo no solo consiste en conseguir un buen rendimiento, sino en construir un equipo que pueda trabajar de forma autónoma. Cuando emita sus valoraciones, pregúntese si su equipo aprenderá de esta experiencia. Forjar un gran equipo supone cimentar las habilidades y la confianza de los individuos a partir de valoraciones positivas. Los creativos funcionan mejor cuando tienen la confianza de poder equivocarse y experimentar sin temor a la ira de un líder dominante.

SEA CLARO Y SIN AMBIGÜEDADES

Aquí es donde a menudo fallan los líderes creativos, incluso los mejor intencionados. Su valoración debería ser clara y, sobre todo, factible. Una buena valoración es concreta y no da lugar a la ambigüedad. En lugar de una afirmación vaga como «La página de inicio debe ser más épica», sea claro: «La falta de imágenes y el fondo blanco de la página de inicio hacen que el diseño sea demasiado aburrido y simple. Probemos con un vídeo de fondo en bucle en la zona de las mejores puntuaciones. Además, creemos una versión en la que se inviertan los colores de fondo en la página para darle más impacto».

APORTE EJEMPLOS

Las valoraciones verbales o escritas, sin importar lo explícitas que sean, no siempre son suficientes. Aporte siempre un ejemplo de lo que quiere transmitir. En nuestro caso anterior de la «página de inicio aburrida», podría mostrar un buen ejemplo de un vídeo de fondo para ilustrar el aspecto exacto que está buscando.

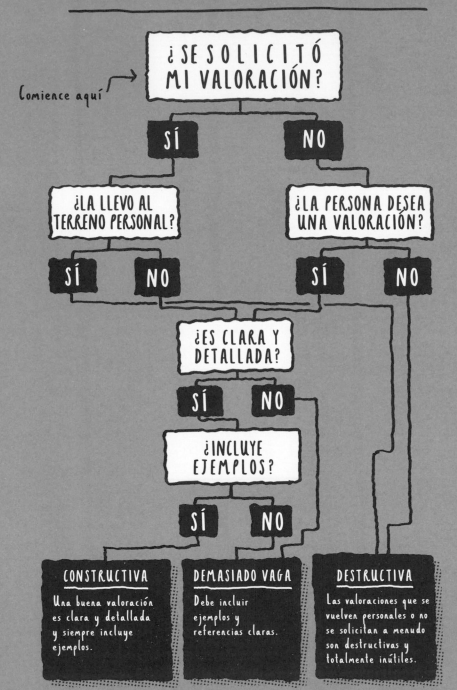

INCENTIVE LA RONDA DE PREGUNTAS

Resulta demasiado común que los creativos —sobre todo los principiantes— tengan miedo a preguntar, por si les hace parecer estúpidos. El líder creativo que haga sentir de esta manera a su equipo por formular preguntas es un auténtico idiota en la sala. Incluya una sección dedicada a preguntas en cada sesión de valoración y no la cierre hasta que todos los creativos de la sala hayan formulado al menos una. Esto le servirá para comprobar si su equipo se siente cómodo.

LO QUE SE DEBE Y NO DEBE HACER AL RECIBIR UNA VALORACIÓN

De la misma manera que el director creativo o de diseño tiene la responsabilidad de proporcionar una valoración clara y constructiva, los creativos deben interpretarla correctamente a fin de poder entregar un buen trabajo. Para los creativos que lean este libro, esta es la manera de cumplir su parte del trato.

LEA EL INFORME

Esto parece ser lo más obvio del mundo, pero nunca deja de sorprenderme. Ya no está en la universidad —la comprensión en profundidad del trabajo asignado no es una actividad opcional—. Lea el maldito informe, por favor.

AHORA VUELVA A LEER EL INFORME

Si, es lo que he dicho. Probablemente omitió alguna cosa, posiblemente en la sección de entregables. Por favor vuelva a leerlo.

FORMULE PREGUNTAS

Por alguna razón, muchos creativos están convencidos de que formular preguntas les hace parecer estúpidos. Se mantienen en silencio durante las sesiones informativas y únicamente preguntan a sus colegas sobre el significado de alguna parte mucho más tarde. Recuerde lo siguiente: no hay preguntas estúpidas, sino personas estúpidas que no formulan preguntas. Si hay algo que no sabe, pregunte.

TOME NOTAS

Esta es mi mayor aversión, y resulta muy común entre los creativos principiantes y los becarios. Usted no es un superhéroe con memoria fotográfica: tome unas malditas notas. Sobre papel, con un bolígrafo.

HERRAMIENTAS SECRETAS PARA RECIBIR INFORMACIÓN

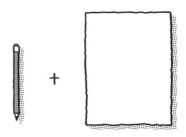

PRESENTACIONES

Llega un momento en la vida de todo proyecto creativo en el que el trabajo abandona la seguridad del MacBook del creador y se coloca frente al cliente («cliente» también se refiere a los representantes de otros departamentos si trabaja en una empresa) para su evaluación. Aunque para algunos la presentación de un trabajo resulta fácil, para la mayoría de los creativos —en especial, los más jóvenes— la idea de ponerse de pie al frente de una sala llena de gente y hablar durante treinta minutos nos llena de miedo. Las manos sudan y la garganta se reseca. Rezamos para que el suelo se abra y nos engulla en un abismo.

Permítame hacerle partícipe de un hecho poco conocido acerca de las presentaciones creativas. Sin importar lo persuasiva que pueda ser la persona responsable de la cuenta o el director creativo, nunca podrán presentar el trabajo tan bien como lo haría la persona que lo ejecutó. Una gran presentación no es un trabajo de venta; se trata de guiar al cliente a través del proceso de pensamiento y el razonamiento subyacente a la solución creativa. No importa si carece de la habilidad de Steve Jobs sobre el escenario y titubea con las palabras. El hecho es que la persona que realmente sabe de lo que está hablando siempre acabará transmitiendo lo que realmente sabe, independientemente de la forma. Ninguna perogrullada sobre las ventas puede compensar el conocimiento real. Sin embargo, como ocurre con todo lo demás, hay una manera correcta y una incorrecta de presentar el trabajo creativo.

EL ENFOQUE DE LA «GRAN REVELACIÓN» PARA LAS PRESENTACIONES

Tradicionalmente, las presentaciones creativas se escenificaban como un espectáculo de magia al más puro estilo de Las Vegas. El dueño del circo —habitualmente, el director creativo— conducía a un grupo de clientes ojipláticos hacia una dramática «gran revelación» del trabajo creativo. Después de una presentación consistente en docenas de diapositivas «inspiradoras» y un inevitable monólogo por parte del director, llegaría el gran momento de desvelar el trabajo. No se solía reparar en gastos para estas presentaciones. Se utilizaban todos los trucos posibles —gráficos centelleantes, vídeos emotivos, música épica de fondo, gatitos bailando con leotardos— para vender esa pieza de trabajo creativo. Estas ocasiones solían constituir todo un espectáculo y probablemente constituían el punto álgido del año para el ególatra.

Uno de los *showman* más famosos de los que he oído hablar era un infame director creativo, ahora jubilado; llamémosle Arthur Albatross. Un auténtico hombre de los anuncios de la década de 1950, Arthur se tomó el ritual de la «gran revelación» muy en serio, empleando todas sus habilidades para adular al cliente. Su truco favorito consistía en utilizar un enorme baúl de acero, como si se tratara de un mago. El baúl era tan grande que podrían haber cabido al menos dos cuerpos en su interior. Para cualquier presentación, pequeña o grande, Arthur introducía esta monstruosidad sobre ruedas en la oficina del cliente. Podías oírla traqueteando por el pasillo desde el otro lado del edificio. Llegado el momento, hacía rodar el baúl hacia el frente de la sala de presentaciones. Después de una pausa, con gran efecto dramático, respiraba profundamente y, con un movimiento rápido y una fuerza sorprendente, levantaba el cajón y lo depositaba sobre la mesa de reuniones con un gran impacto. La violencia del movimiento hacía vibrar los vasos y rodar los bolígrafos, acompañado por los soplidos de los clientes para los que este espectáculo resultaba novedoso. Tras un silencio sepulcral de unos cinco segundos, y con una voz profunda y dramática (no muy distinta a la de Morgan Freeman), Arthur comenzaba su monólogo. Con la mirada del público fija en el baúl de acero cerrado, comenzaba a explicar la Gran Idea en detalle. Después de una última pausa, abría el baúl. Entre dos láminas de vidrio solía encontrarse una impresión del concepto publicitario que vendía ese día. Los clientes se volvían locos con él. La verdad, podría haber puesto un zurullo de perro tras las láminas de vidrio y habrían aplaudido igualmente.

> TRADICIONALMENTE, LAS PRESENTACIONES CREATIVAS SE ESCENIFICABAN COMO UN ESPECTÁCULO DE MAGIA AL MÁS PURO ESTILO DE LAS VEGAS.

Por supuesto, para llegar a este momento dramático, había que pasar por la tarea de producir el propio trabajo. En las agencias tradicionales, esto suelen hacerlo un grupo de creativos mucho menos experimentados que permanecen escondidos tras la cortina, para no interactuar nunca con el cliente. De hecho, resulta habitual que el director creativo no se involucre en absoluto en el proyecto, a excepción de en la presentación final. Semanas o meses antes de la «gran revelación», el cliente encargaba el trabajo y escribía un informe. Como si se tratara de unos monjes medievales de clausura, el equipo creativo se encerraba en una cueva oscura para comenzar esta asombrosa obra de arte conceptual. Después de semanas, o incluso meses, solían salir de la tumba como un Jesucristo moderno, llevando consigo la Gran Idea que transformaría el negocio de su cliente.

Ahora bien, aunque no discuto que el enfoque de la «gran revelación» resulta ciertamente entretenido y que alegraría la tarde de cualquier cliente, puede ser un acierto o un fallo en lo que concierne a la entrega de un gran trabajo. Como los creativos no son mesías modernos y carecen de poderes telepáticos, el enfoque de la «gran revelación» tiene una probabilidad del 50 % de conseguir una solución creativa que al cliente no le guste o ni siquiera necesite. Con lo divertido que resulta trabajar en una caja negra durante semanas, excluir al cliente —la persona que mejor conoce su negocio— no es la mejor manera de concebir una idea que resuelva el problema.

LA REVISIÓN DEL TRABAJO ES MÁS QUE LA PRESENTACIÓN FINAL

El auténtico secreto para conseguir la aprobación del trabajo creativo es simple: evite las sorpresas e involucre al cliente en el proceso, no solo en una presentación el último día del proyecto. A nadie le gustan las sorpresas, ni siquiera las buenas. Es más probable que un cliente compre una idea si tiene la sensación de que estuvo implicado en su creación durante el proceso.

Evite los juegos de adivinación y la casualidad realizando revisiones de manera regular y siendo transparente sobre la dirección que va tomando el proyecto. Siga la costumbre de las empresas de desarrollo de *software* y realice un «monólogo diario» de 15 minutos cada mañana hablando brevemente sobre lo que hizo el día anterior y lo que hará hoy. Lo más importante: invite al cliente a este monólogo para que se sienta implicado. Además de los monólogos diarios, compruebe que presenta el progreso de su trabajo en revisiones programadas al menos cada dos semanas. En casi cada proyecto en Edenspiekermann, empleábamos un enfoque *scrum* donde revisábamos el trabajo con el cliente cada dos semanas. Al utilizar este enfoque colaborativo, no hay lugar para las sorpresas y dará resultado (casi) siempre.

CÓMO HACER Y NO HACER PRESENTACIONES

CORRECTO

INICIO → REVISIÓN DEL PROGRESO → REVISIÓN DEL PROGRESO → REVISIÓN DEL PROGRESO → ¡LANZAMIENTO!

REUNIÓN INFORMATIVA   PLAZO DE ENTREGA

INCORRECTO

Asustado

Pánico

Silencio

Mala valoración

INICIO → LA GRAN REVELACIÓN - - → ¿?

REUNIÓN INFORMATIVA   PLAZO DE ENTREGA

NOCIONES BÁSICAS SOBRE LAS PRESENTACIONES PARA LOS NO-INDESEABLES

Incluso en el proceso ideal donde los decisores están constantemente involucrados en el flujo de trabajo del proyecto, aún hay momentos en los que se presenta formalmente el trabajo. Aunque presente el trabajo a nivel interno a su equipo, a su jefe o a un cliente, estos son los fundamentos para generar una presentación creativa de éxito.

HAGA LA PRESENTACIÓN EN PERSONA SIEMPRE QUE SEA POSIBLE

El trabajo creativo siempre debería presentarse en persona, o, al menos, a través de una conversación telefónica. No existe ninguna manera de sustituir la conducción de un cliente a través del trabajo, proporcionándole el contexto y el conocimiento anecdótico sobre la toma de algunas decisiones. Enviar una presentación al abismo por correo electrónico sin una guía adecuada es una receta segura para el desastre.

ESTABLEZCA LAS EXPECTATIVAS ANTES DE LA PRESENTACIÓN

Antes de comenzar cualquier presentación, compruebe que ha establecido claramente las expectativas de lo que el cliente visualizará. No hay nada peor que un cliente interrumpa una presentación creativa de algo como un primer guión gráfico con un «Ejem, ¿dónde están las animaciones terminadas que deberíamos ver hoy?». Establezca las expectativas con claridad y todas las presentaciones discurrirán con suavidad.

NO TEMA PRESENTAR MENOS

Basta de tonterías. No importa lo corta que le pueda quedar la presentación: lo importante es que usted crea en lo que presenta. Si no está seguro, no lo incluya.

ESTÉ CONVENCIDO DE TODO LO QUE PRESENTA

En cuanto haya decidido lo que incluirá en la presentación, debe estar convencido de lo que incluye si quiere venderlo al cliente. ¿Se trata de única imagen de un zurullo? No importa. Si aparece en la presentación, es la mejor imagen de un zurullo de la historia y su cliente la necesita. Recuerdo un proyecto de marca en nuestra agencia, donde una serie de problemas internos supusieron la producción de un trabajo absolutamente horroroso. Me di cuenta literalmente diez minutos antes de la presentación al cliente. Borré todo el trabajo de la presentación a excepción de una única diapositiva —la matriz de concepto (que era genial)—. Presenté esta única diapositiva al cliente con convicción, explicando cómo aquella era la dirección de trabajo correcta para ellos. Les encantó.

PERMITA QUE LOS PRINCIPIANTES PRESENTEN SU PROPIO TRABAJO

En las grandes agencias, resulta habitual que quienes se encuentran a un nivel jerárquico inferior al de un director creativo nunca interactúen con un cliente. Esta es una manera ridícula de trabajar, y son varias las razones. En primer lugar, el director creativo rara vez es quien realiza el trabajo y probablemente le falten conocimientos para contestar alguna cuestión que requiera detalles sobre este. En segundo lugar, ¿cómo esperamos que el personal menos experimentado mejore sus habilidades de presentación si nunca tiene la oportunidad de presentar sus propios trabajos? No acapare toda la atención. Anime a los más jóvenes a presentar el fruto de su esfuerzo siempre que sea posible —incluso frente a los clientes—. Cuando trabajaba en Edenspiekermann en Berlín, nos asegurábamos de que los más jóvenes siempre estuvieran de cara al cliente. Teníamos una regla muy simple: si lo haces, lo presentas. Punto.

CONSTRUIR UNA GRAN PRESENTACIÓN

No existe una fórmula única para construir una gran presentación creativa. Sin embargo, independientemente de la manera que elija para presentar su trabajo, debería incluir siempre los siguientes elementos.

EL PROPÓSITO DE LA PRESENTACIÓN

Necesita una descripción en una única línea que describa el propósito de la presentación. Por ejemplo, «Revisar la segunda ronda de diseños del logo basándonos en las valoraciones previas». No solo resulta útil para el público en la sala, sino que proporciona un contexto cuando la presentación se comparte con otros participantes más tarde.

LO QUE MOSTRARÁ EN EL DÍA DE HOY

Evite las decepciones estableciendo claramente las expectativas sobre lo que presentará ese día. Suele tratarse de una lista simple con viñetas como:

→ Recordar objetivos
→ Bocetos actualizados para el diseño del logo
→ Muestra de aplicaciones impresas
→ Muestra de aplicaciones digitales

OBJETIVOS

Presente siempre un recordatorio de los objetivos o metas del proyecto y lo que la solución creativa resolverá. Más tarde, cuando muestre la solución creativa, debería referenciar continuamente estos objetivos y explicar cómo el trabajo soluciona estas necesidades.

LA «GRAN IDEA»

¿Cuál es la idea central tras la solución creativa? Para una campaña publicitaria, podría tratarse de la «gran idea» como la de Nike: «Si tienes un cuerpo, eres un atleta». Para un diseño o proyecto digital, podría tratarse de los tres principios de guía en el diseño o interacción.

EL TRABAJO («CREATIVO"», «DISEÑO», «ESQUEMA DE PÁGINA WEB», ETC.)

Su gran momento ha llegado: debe presentar el trabajo. Cada concepto debería estar claramente etiquetado y debería contar con una breve descripción. En la medida de lo posible, muestre ejemplos tangibles del trabajo en contexto para ilustrar cómo la idea cobrará vida. Para un proyecto de marca, podría ser un bosquejo del logo en contexto; para un producto digital, un prototipo básico (incluso un simple recorrido a base de clicados) resulta imprescindible.

NUESTRA RECOMENDACIÓN

Cualquier presentación creativa debe contar con una clara recomendación sobre el concepto que el cliente debería elegir. Después de todo, están pagando nuestra experiencia. Si presenta en equipo, deberían alinearse de antemano sobre una única dirección a seguir. Al fin y al cabo, si los expertos de la sala no se ponen de acuerdo en una única dirección, ¿cómo puede esperar que lo haga el cliente?

RECAPITULACIÓN

Resulta útil para el cliente contar con una revisión de todos los conceptos juntos a modo de ayuda visual para discutir el trabajo sin tener que clicar hacia atrás las 137 diapositivas.

PREGUNTAS

Después de la recapitulación, compruebe que cuenta con una diapositiva de «¿Preguntas?» para invitar al público a proporcionar su valoración y, sin sorpresas, hacer preguntas.

PASOS A SEGUIR

Cada presentación debería finalizar con una lista con viñetas que contenga los pasos a seguir, y que incluya a la parte responsable y la fecha de entrega. Todos los presentes en la sala deberían consensuar verbalmente estos pasos antes de finalizar la presentación.

CUENTA

ADMINISTRACIÓN

ESTRATEGIA

CREATIVO

HORAS EXTRA

Cuando vivía en Berlín, tenía un apartamento en una parte más bien elegante de la ciudad conocida como Prenzlauer Berg. Como suele ser habitual en Berlín, contaba con un espacio comercial en la planta baja de mi edificio de apartamentos; en este caso, una agencia de diseño gráfico. Durante cualquier fin de semana, cuando pasaba por este piso acristalado, podía ver al equipo de creativos con ojos enrojecidos, sentados frente a sus iMacs en marcha. Independientemente del día, estos empleados trabajaban hasta primera hora de la mañana. Eran, como tantos otros, un síntoma de la creencia habitual en la industria creativa de que es necesario trabajar muchas horas para realizar un buen trabajo.

Por suerte para aquellos en Alemania, y la mayor parte del norte de Europa, la práctica de trabajar hasta tarde no suele ser habitual, y estos desafortunados creativos claramente constituían la excepción. De hecho, Alemania y los países escandinavos como Suecia y Dinamarca se enorgullecen de contar con las jornadas de trabajo más cortas del mundo[8] mientras producen algunos de los trabajos creativos de la mayor calidad. La actitud hacia las horas extra en estos países es esta: «¿No consigues hacer tu trabajo en ocho horas? Debes ser un inútil en tu trabajo». Simplemente no se enorgullecen de las horas extra.

Desafortunadamente, la cultura empresarial en el sector creativo del resto del mundo es bastante distinta. No solo se espera que se trabajen horas extra, sino que estas se celebran y son motivo de orgullo. Trabajar durante cuatro fines de semana para cumplir un plazo o perderse todos los cumpleaños de sus hijos por la entrega de una propuesta se convierten en hazañas legendarias sobre las que se alardea frente a los colegas. Lo peor de estas prácticas es que la mayor parte de las horas extra recaen sobre los creativos jóvenes o de nivel medio que quieren hacerse valer y notar, o simplemente hacer un buen trabajo. La realidad es que trabajar horas extra no produce un mejor trabajo; ni le convertirá en un mejor creativo o en un ser humano mejor. Simplemente muestra inutilidad para gestionar el tiempo.

UN TRABAJO SOSTENIBLE ES MEJOR

Cuando trabaja en un entorno que favorece una política de horas extra sin parar, no se benefician ni usted, ni el cliente ni el trabajo, por una serie de razones:

→ En primer lugar, y lo más importante, el trabajo se resiente. Nadie rinde cuando se encuentra exhausto después de pasar doce horas frente a una pantalla. De hecho, un estudio del Departamento de Trabajo[9] demostró que, de media, los seres humanos son productivos durante un poco menos de tres horas al día.
→ Conduce a una alta rotación de personal. Perderá a sus mejores empleados (y con razón) si los trata como gallinas ponedoras.
→ El trabajo incesante supone que el personal creativo nunca dispone de un espacio para «jugar». Todos los empleados creativos necesitan un espacio para reflexionar y trabajar en proyectos personales que les mantenga motivados, frescos e inspirados. Las horas extra continuadas les priva de la claridad de pensamiento que necesitan para tener buenas ideas.
→ Nunca será capaz de mantener un proyecto digital a largo plazo que requiera de un equipo consistente durante meses o incluso años. En Berlín pasamos casi cuatro años en el desarrollo de una de las muchas plataformas digitales importantes para Red Bull. Simplemente no hay manera de llevar un proyecto de esa envergadura si se espera que el equipo trabaje al 110 % durante ese tiempo. Los que trabajan en las agencias publicitarias deberían tomar buena nota de ello.
→ Las horas extra trabajadas por los creativos no suelen facturarse al cliente, por lo que el valor del trabajo de diseño se ve drásticamente reducido.

[8] http://www.bbc.com/news/business-34677949
[9] https://www.inc.com/melanie-curtin/in-an-8-hour-day-the-average-worker-is-productive-for-this-many-hours.html

¿TRABAJA DEMASIADO?

1. Ponga <u>una</u> X en cualquier día que trabaje más de ocho horas.

2. Ponga <u>dos</u> X en cualquier fin de semana que haya tenido que trabajar.

MES						
L	M	M	J	V	S	D

RESULTADOS:

0-5   Normal
5-10   Exceso de trabajo
10+   Salga de allí enseguida

CÓMO CREAR UN ENTORNO DE TRABAJO SOSTENIBLE

Le escucho decir que «no trabajar horas extra» está bien en teoría. Aplicarlo en el mundo real con clientes, fechas de entrega, competencia y, sobre todo, el deseo de la excelencia creativa, es harina de otro costal. Sin embargo, créame, es posible. En todo el norte de Europa existen miles de creativos que abandonan su estudio, agencia o lugar de trabajo antes de las seis de la tarde. Con una optimización de procesos básica en su flujo de trabajo, cualquiera puede crear un entorno laboral sostenible sin sacrificar un gran trabajo y teniendo a los clientes satisfechos. Esto comienza con algunos puntos básicos.

IMPLIQUE A TODAS LAS COMPETENCIAS CLAVE AL PLANIFICAR UN PROYECTO

Las horas extra surgen porque hay demasiado trabajo que hacer en demasiado poco tiempo. Muchas veces esto ocurre debido a que el proyecto no se planifica de la manera correcta. Tómese el tiempo necesario para hacer una planificación adecuada desde el inicio y, lo que es más importante, implique a todas las competencias clave en su equipo —no solo al gestor de cuentas y al director creativo—. Al incluir una representación de todas las facetas del proyecto, desde los desarrolladores hasta los redactores, el cronograma y la carga de trabajo se sustentarán en la realidad y no en la idea del director de cuentas sobre lo que el cliente espera escuchar.

SEA TRANSPARENTE CON EL CLIENTE CUANDO LAS COSAS VAN MAL

Ya se trate de su cliente o de su propio jefe, sea siempre transparente. Si algo afecta al cronograma, no lo esconda bajo la alfombra confiando en que salga bien. «Confiar en que salga bien» suele conllevar semanas de horas extra al final de un proyecto. En lugar de intentar embutir una cantidad irracional de trabajo (que con toda certeza afectará a la calidad), discútalo de inmediato con el cliente. En la mayoría de los casos puede alcanzarse una solución de compromiso que conduzca a la misma meta. Esto suele ocurrir en la construcción de productos digitales cuando una característica determinada —por ejemplo, un reproductor de vídeo— requiere un mayor tiempo de creación de lo que se había previsto originalmente debido a su complejidad técnica. En lugar de intentar asumirlo todo, pregunte al cliente si existe la posibilidad de reducir la complejidad para entregarlo a tiempo. En caso del reproductor de vídeo, quizá no necesiten la opción de «guardar en la lista de reproducción» en la primera versión. Además, mantener estas conversaciones con una cierta regularidad hace que todos estén al corriente y evita sorpresas desagradables, horas extra y trabajos precipitados.

> CUALQUIERA PUEDE CREAR UN ENTORNO LABORAL SOSTENIBLE SIN NECESIDAD DE SACRIFICAR UN BUEN TRABAJO.

LOS PROYECTOS CREATIVOS SIEMPRE OCUPAN TODO EL TIEMPO DISPONIBLE

Escenario A:

| HORAS TRABAJADAS |

TIEMPO DISPONIBLE

Escenario B:

| HORAS TRABAJADAS |

TIEMPO DISPONIBLE

NO TENGA MIEDO A DECIR QUE NO

Los creativos (entre los cuales me incluyo) quieren llevar su trabajo (y a sí mismos) al límite y rara vez dicen que no a alguna solicitud. Esto puede equilibrarse con un buen líder con experiencia o responsable de cuentas que puede posponer o rechazar una solicitud poco razonable del cliente. Desafortunadamente, fuera de los países del norte de Europa, los directores de cuentas se alinean con el cliente, y la palabra *no* parece haber desaparecido de su vocabulario. Este tipo de individuos con un enfoque comercial no tienen lugar en la gestión de proyectos creativos y deberían sustituirse.

LOS INDIVIDUOS CON UN ENFOQUE COMERCIAL NO TIENEN LUGAR EN LA GESTIÓN DE PROYECTOS CREATIVOS.

PLANIFIQUE SIEMPRE LA DURACIÓN DE LAS TAREAS, SOBRE TODO PARA EL PERSONAL MÁS JOVEN

Los creativos, sobre todo los júnior, ocuparán con trabajo todo el tiempo disponible. También están dispuestos a exigirse a sí mismos y a su trabajo. Por estas razones resulta importante gestionar su tiempo y fijarles objetivos y plazos de entrega muy claros. Si usted es un líder creativo, asegúrese de que el personal más joven deja la oficina antes que usted.

PROCESO, PROCESO, PROCESO

Para los creativos, el «proceso» puede parecer una palabrota, pero en realidad, iniciar un proceso en un ambiente de trabajo creativo resulta clave para generar un entorno sostenible. Desde las optimizaciones más simples, como la mejora de la eficiencia de las reuniones siguiendo una etiqueta básica, hasta la introducción de un proceso estandarizado para tratar con los requisitos poco manejables de los clientes, contar con procesos comunes y comprensibles en todo el entorno de trabajo facilita la reducción de la pérdida de tiempo y mejora la posibilidad de que todos puedan marcharse a casa a su hora.

TRABAJO SOSTENIBLE UTILIZANDO LA METODOLOGÍA ÁGIL

Una de las formas en la que conseguimos un entorno de trabajo sostenible en Edenspiekermann fue introducir la metodología de trabajo ágil para prácticamente todos nuestros proyectos. «Ágil» es un enfoque iterativo para la producción de productos digitales en una manera incremental y pautada en el tiempo, en lugar de intentar entregarla en su totalidad cerca del final[10]. Esta metodología fue desarrollada en la década de 1980 para la construcción de *software*, pero su uso se ha extendido más allá de las empresas y la tecnología. Muchas agencias y equipos de diseño vanguardistas la utilizan para crear procesos de trabajo sostenibles para sus proyectos. En Edenspiekermann utilizamos los sistemas ágiles para conseguir unas prácticas de trabajo sostenibles para prácticamente todo, desde la construcción de productos digitales hasta el desarrollo y las campañas de marca.

El sistema ágil disgrega los proyectos en pequeñas fracciones denominadas historias de usuario, las prioriza y las entrega de manera continuada en ciclos de dos semanas denominados *sprint*. Al finalizar cada *sprint*, la fracción de trabajo es examinada por el «propietario del producto» y liberada o revisada.

El equipo ágil siempre trabaja como un único equipo, no se divide por competencias y cuenta con un liderazgo horizontal. La metodología ágil está particularmente indicada

---

[10] http://www.agilenutshell.com

EL PROCESO ÁGIL

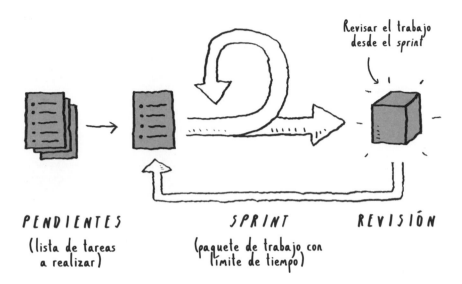

PENDIENTES
(lista de tareas
a realizar)

SPRINT
(paquete de trabajo con
límite de tiempo)

REVISIÓN

para conseguir un trabajo sostenible a largo plazo y es perfecta para cualquier proyecto creativo o tecnológico de al menos cuatro semanas de duración. Los proyectos de menor tamaño no suelen funcionar en un entorno ágil, ya que la capa de procesos o rituales necesarios supera los beneficios y la eficiencia conseguidos durante un período más prolongado.

LOS ROLES EN UN PROYECTO ÁGIL

El propietario del producto
Es el decisor y custodio de la visión del producto. En una relación cliente-agencia, suele haber dos propietarios del producto: uno por parte del cliente y otro en la agencia.

El equipo
Las personas que realizan el trabajo. Un grupo interdisciplinar en el que todos trabajan codo a codo como un único equipo —diseñadores, desarrolladores y redactores—. Son autónomos, con una jerarquía horizontal, y con la autonomía suficiente para tomar sus propias decisiones. A menudo (en los mejores casos), se conforma por una combinación personal de la agencia y el cliente que trabajan como un único equipo.

El facilitador

El facilitador no forma parte del equipo y no influye en las decisiones. En cambio, interviene en el proceso ayudando a eliminar bloqueos que evitan el trabajo fluido del equipo. En una relación agencia-cliente, a menudo asumen la parte administrativa de la relación con el cliente.

Cuando se utiliza un proceso ágil en el entorno de una agencia, el cliente se integra en el equipo desde el inicio asumiendo el rol de propietario del producto. Se involucran en la planificación de los *sprints* delimitados en el tiempo. Al inicio de cada *sprint*, en colaboración con el equipo de diseño/tecnología, planifican una lista de características (conocidas como «historias de usuario») que deben completarse en esa fase , y el equipo estima la cantidad de esfuerzo necesario para finalizar esas tareas. Un facilitador informa al equipo y al propietario del producto de cuántos días de trabajo comprende un *sprint* (en función del presupuesto y la disponibilidad de personal). Basándose en cantidad, el equipo se compromete a desarrollar un determinado número de características. Por ejemplo, si el equipo cuenta con veinte días de trabajo en el *sprint*, y la estimación para completar las tareas seleccionados es de treinta, el propietario del producto debe eliminar algunas de las tareas antes de que el equipo se comprometa. Son matemáticas sencillas.

LA TRANSPARENCIA Y LA CONFIANZA RESULTAN PRIMORDIALES PARA QUE FUNCIONE UN PROCESO ÁGIL.

La transparencia y la confianza son primordiales para que un proceso ágil funcione correctamente. El compromiso entre el equipo y el propietario del producto en la planificación de cada *sprint* se convierte en algo prácticamente sagrado: el propietario del producto acuerda no añadir trabajos adicionales al *sprint*, y el equipo pacta la entrega del trabajo prometido. Siempre hay un cierto grado de enfrentamiento para convencer al cliente sobre la conveniencia de adoptar un proceso ágil para su proyecto, pero, cuando acceden, tanto ellos como su equipo estarán agradecidos.

PRUEBA

¿CÓMO DEBERÍA RECOMPENSAR A SU EQUIPO POR TRABAJAR HASTA MÁS TARDE?

A) NEVERA CON CERVEZA

B) MOBILIARIO DE OFICINA SENSACIONAL

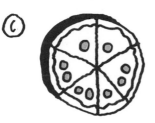

C) PIZZA GRATIS

D) UN PASTEL DELICIOSO

E) COMPENSARLO CON DÍAS

F) GRACIAS DE CORAZÓN

RESPUESTA: E

¿QUÉ PASA CUANDO NECESITO QUE MI EQUIPO SE QUEDE HASTA MÁS TARDE?

Por supuesto, en ocasiones ocurre que hemos de presentar una importante propuesta de diseño, o es la semana antes del lanzamiento de un gran proyecto y resulta inevitable trabajar horas extra. Seamos claros: no hay nada malo en trabajar horas extra de manera ocasional. Sin embargo, si usted es un líder creativo, aún resulta primordial respetar el tiempo personal de la gente. Si necesita que su equipo se quede hasta más tarde, asegúrese de hacer lo siguiente.

AVISE CON ANTELACIÓN Y PREGUNTE PRIMERO A SU EQUIPO

Si tiene una fecha de entrega, una propuesta o algo que requiera horas extra, pregunte primero al personal, y, lo que es más importante, con antelación. El trabajar hasta más tarde nunca debería ser obligatorio —realmente debería ser opcional—. Resulta asombroso el resultado que puede obtener con un simple: «Hey, chicos, me sabe mal preguntar, pero ¿os importaría trabajar un par de horas extra esta noche?».

INCLUYA LA CENA Y LOS COSTES DEL DESPLAZAMIENTO

En nuestra oficina tenemos una regla: si alguien trabaja después de las siete de la tarde, le pagamos la cena. Si trabaja hasta después de las ocho, la compañía le paga el taxi a casa. Estos son los mínimos que debe ofrecer a su equipo para quedarse a trabajar más tarde. Sin embargo, el cubrir estos gastos no deberían considerarse como compensación por trabajar hasta más tarde, sino una manera de alcanzar un mínimo nivel de confort por invadir el tiempo personal.

REFUERCE CON DÍAS EN COMPENSACIÓN

Aunque comprar pizza y cerveza al equipo creativo, y pagarle el taxi a casa, puede ser genial, cuando alguien se queda hasta más tarde se le debe ofrecer tiempo libre a cambio. No en algún momento indefinido («cuando tengamos menos trabajo»), sino en un momento en concreto, por ejemplo, al día siguiente o después del fin de semana.

ENSÚCIESE TAMBIÉN LAS MANOS

¿Es un director artístico? ¿O un jefe creativo? Tenga en cuenta las empresas tecnológicas y sus jerarquías horizontales. Los mejores directores creativos con los que he trabajado se han ganado el respeto por trabajar codo con codo. ¿Necesita que su equipo se quede hasta más tarde para preparar una propuesta o cumplir una fecha de entrega? Quédese también y trabaje un poco con ellos.

RECUERDE: SOLO ES UN MALDITO TRABAJO

Aunque una carrera en la industria creativa puede resultar divertida y gratificante, solo es un trabajo, y no vale la pena sacrificar a su familia, sus amigos o su salud por ella. Cada vez que se quede trabajando toda la noche, y ello suponga que se perderá una cena familiar o el cumpleaños de uno de sus hijos, pregúntese: «¿Merece la pena?». Si debe hacerse esta pregunta más de una vez al mes, lo más probable es que no.

Nunca olvidaré un artículo del difunto Linds Redding, el hombre de la publicidad de Saatchi & Saatchi y BBDO. En un ensayo muy emotivo de unas tres mil palabras[11] el director creativo —enfermo terminal de cáncer de esófago— reflexionaba sobre su carrera en el ámbito de la publicidad y las consecuentes horas extra, cumpleaños y aniversarios perdidos. Finalizaba con este sentimiento: «¿Valió la pena? Por supuesto que no. Resulta que solo era publicidad. No había nada más allá. Ningún premio definitivo». Recuerde estas palabras cuando considere perderse el cumpleaños de su hijo por cumplir una fecha de entrega.

PREGÚNTESE: «¿MERECE LA PENA?». SI DEBE HACERSE ESTA PREGUNTA MÁS DE UNA VEZ AL MES, LO MÁS PROBABLE ES QUE NO.

[11] http://www.thesfegotist.com/editorial/2012/march/14/short-lesson-perspective

CLIENTES

Recuerde el póster que mencioné al principio de este libro: «No trabaje para tipos indeseables. No trabaje para cretinos». Ahora bien, aunque todos podríamos estar de acuerdo con este sentimiento en un principio (después de todo, probablemente no estaría leyendo aún este libro si no lo estuviera), la realidad que subyace al sector creativo son operaciones comerciales cuyo objetivo es ganar dinero. ¿Qué pasa cuando esa persona indeseable le paga un montón de dinero, le permite pagar las facturas y gracias a ella usted y su equipo creativo tienen un empleo?

Cumplir la política de «no-indeseables» con los clientes realmente es más difícil que con uno mismo o con su equipo. Exceptuando el caso de los creativos más famosos y buscados, mostrar una actitud de «tómalo o déjalo» no es la manera viable de tratar con los clientes difíciles. Ahora bien, aunque realmente existe, el cliente indeseable es muy poco frecuente, y en mi opinión es posible establecer una relación productiva con la gran mayoría de los clientes —incluso los más difíciles— una vez que se comprende correctamente y se les sabe gestionar.

LA VERDAD SOBRE LOS CLIENTES

La fricción entre los creativos y los clientes es prácticamente legendaria. Incluso más allá de este sector, la cultura popular está llena de relatos divertidos sobre las aparentemente interminables batallas entre los creativos confusos y los clientes que no tienen ni idea. De hecho, estos relatos son tan numerosos que el escritor David Thorne[12] vive gracias a este juego del gato y el ratón, escribiendo libro tras libro de hilarantes anécdotas semificticias sobre las interacciones entre creativos egoístas y clientes estúpidos que siempre quieren más y más por menos y menos dinero.

A pesar de lo que algunos creativos le puedan decir, la gran mayoría de los clientes no son indeseables. De hecho, la mayoría son humanos agradables y sensibles que solo buscan hacer bien su trabajo, impresionar a su jefe y recibir el reconocimiento por el trabajo que realizan. No están allí para destruir un «gran trabajo». No están allí para fastidiarle los fines de semana o destrozar sus sueños. Solo quieren obtener un buen resultado, a tiempo y en dentro del presupuesto para que no los despidan. Muchos de los problemas de relación entre los clientes y los creativos se deben a los creativos egoístas que olvidan que un cliente también tiene un trabajo y un jefe. Cuando un cliente contrata los servicios de un creativo o de una agencia, se juega el cuello poniendo su confianza en una tercera persona para que le haga un trabajo. Independientemente de lo innovador de este, o de cuántos premios gane, no vale la pena jugarse el puesto si no lo recibe a tiempo y sin desviarse del presupuesto.

Recuerde la regla número uno: el diseño no es arte. Usted no es Picasso. Ni siquiera es George W. Bush pintando en el sótano. Usted está trabajando para una empresa comercial que tiene accionistas, presupuestos, jefes y fechas de entrega. Grabe esto en su mente y recuérdelo cada vez que un cliente le haga un encargo, y probablemente nada irá mal.

GESTIÓN TRADICIONAL DEL CLIENTE

Aquellos que hayan trabajado en agencias más tradicionales estarán familiarizados sin duda con el enfoque «jerárquico» en la gestión de la relación con el cliente. Con esto me refiero a una estructura organizacional que resulta más compleja que una agencia gubernamental. Cuando trabajé por primera vez en una gran agencia, quedé sorprendido por el número de puestos que eran necesarios para gestionar un cliente. Un trabajo mediano en una gran agencia podía tener este número de escalafones, de los cuales únicamente los superiores podían interactuar con el cliente:

[12] http://www.27bslash6.com

ORDEN DE PRIORIDADES

CLIENTE	CREATIVO
1. AJUSTARSE AL PRESUPUESTO	1. GANAR PREMIOS
2. DENTRO DEL PLAZO	2. SER FAMOSO
3. IMPRESIONAR AL JEFE	3. IMPRESIONAR A LOS COMPAÑEROS
4. VALORES DE MARCA	4. IMPRESIONAR AL JEFE
5. IMPRESIONAR A LOS COMPAÑEROS	5. VALORES DE MARCA
6. GANAR PREMIOS	6. CUMPLIR EL PLAZO
7. SER FAMOSO	7. AJUSTARSE AL PRESUPUESTO
8. EL CREATIVO ES FELIZ	8. EL CLIENTE ES FELIZ

→ Director de cuenta*
→ Gestor de proyecto
→ Planificador sénior
→ Planificador
→ Director creativo del grupo *
→ Director creativo
→ Director creativo asociado
→ Director artístico
→ Redactor creativo
→ Desarrollador sénior
→ Desarrollador
→ Diseñador
→ Diseñador júnior
→ Diseñador de producción

*= «digno» de interactuar con el cliente

Tengo la convicción de que este enfoque no funciona, y menos aún en proyectos digitales. En una época en la que el diseño y la tecnología deben trabajar juntos, todo se mueve muy rápido, y los proyectos son más largos y complejos que nunca. La colaboración en complicados temas técnicos simplemente no puede gestionarse a través de niveles y niveles de intermediarios. El chico de la tecnología de la agencia debe poder coger el teléfono y hablar directamente con el chico de la tecnología en casa del cliente, sin cinco intermediarios. Compare todas las capas del «pastel de la agencia» con la manera de trabajar en las compañías tecnológicas. Sus equipos son autónomos, eficientes, con jerarquías horizontales y emplea a generalistas espabilados que pueden gestionarse su trabajo, y el de otros. Las agencias pueden aprender de ellas en lo que concierne a la gestión de las relaciones con el cliente.

EL SECRETO DE LAS BUENAS RELACIONES CON LOS CLIENTES

No soy partidario de adular al cliente. Es más, reconozco que no se me da bien. He trabajado con muchos directores creativos y directores de cuentas que dominan el arte de la adulación en las comidas de trabajo. Gran parte de este comportamiento es argumento de ventas, y no tengo tiempo para ello. Mi enfoque personal para trabajar con éxito con un cliente a largo plazo es simple: soy la persona en la que saben que pueden confiar para entregarles un buen trabajo y no les decepcionaré. Necesitan honestidad, transparencia y un buen trabajo, no un amigo.

SEA HONESTO, AUNQUE NO SEA POPULAR

La honestidad y la transparencia son las partes más importantes al construir una relación con el cliente. Si este no confía en usted, no tiene sentido trabajar juntos. Con demasiada frecuencia, las agencias creativas estiran la verdad y prometen lo que no pueden entregar en aras de llevarse el proyecto. La omisión de la verdad por un beneficio financiero también suele ser habitual en las agencias. Es posible que no mencionen que subcontratan todo el desarrollo a un tercero en Colombia. Podrían no mencionar a un cliente inexperto que sería mejor si este proyecto lo llevara un *freelance* y no una agencia. Podrían saber que un proyecto específico es pernicioso para el negocio del cliente, pero lo asumen igualmente para ganar dinero. Es mejor ser honesto y perder un proyecto ahora para poder construir una relación de confianza para algo de mayor envergadura en el futuro.

INCLUYA AL CLIENTE EN EL EQUIPO

La creación de divisiones entre el personal de la agencia y el cliente simplemente no funciona. Cuanto más los divida, más arraigará la mentalidad de «nosotros y ellos». Además, a pesar de lo que el personal tradicional de la agencia le pueda hacer creer, un enfoque colaborativo para el trabajo resulta mucho más efectivo que mantener a la agencia encerrada en su burbuja. Cambie el enfoque, pase de una mentalidad de «el cliente y la

LA HONESTIDAD Y LA TRANSPARENCIA SON LAS PARTES MÁS IMPORTANTES AL CONSTRUIR UNA RELACIÓN CON EL CLIENTE.

agencia» a una mentalidad de «un equipo de proyecto» y recoja los beneficios. Después de todo, aunque la agencia pueda ser una experta en el campo del diseño, la publicidad o la tecnología, el cliente es quien mejor conoce su propio negocio. Equilibre esos conocimientos implicando al cliente en todas las etapas del proceso, incluyendo las sesiones creativas y las lluvias de ideas.

El mejor ejemplo que puedo proporcionarle al respecto ocurrió hace algunos años, cuando la oficina holandesa de nuestra agencia desarrollaba un nuevo servicio para mejorar la velocidad y la seguridad en unos andenes de los Países Bajos. La idea era crear una pantalla digital innovadora que ocupara todo el largo del andén, la cual indicaría los vagones del tren que estaban vacíos antes de que este hiciera su parada (para que la gente se pudiera colocar en la parte óptima del andén antes de la llegada del tren). La gran pregunta era, ¿cómo podíamos saber cuáles eran los vagones llenos? ¿Tendríamos que instalar algún artilugio de tecnología punta? Durante una sesión creativa con los clientes, el accionista y la agencia, el grupo se encontraba atascado intentando averiguar si el vagón iba lleno o si esta idea estaba condenada al fracaso. Entonces, un miembro del equipo de los ferrocarriles anunció que el tren ya contaba con sensores infrarrojos que podrían utilizarse. Esta visión inesperada de un miembro del equipo del cliente, sin la ayuda de nadie, nos ayudó a encauzar este proyecto.

REFLEXIONES DEL CLIENTE

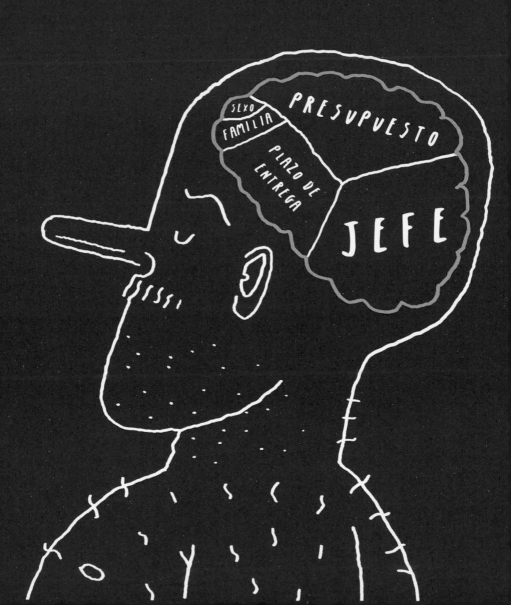

COMPARTA REGULARMENTE EL AVANCE DEL PROYECTO

Tradicionalmente, las agencias trabajaban con un cliente como lo haría un proveedor de servicios. La agencia o el equipo creativo recibían el informe sobre el proyecto y desaparecían hasta el momento de la entrega. Finalmente emergían con un trabajo que el cliente no veía hasta el día de la presentación. En lugar de un enfoque a modo de «gran revelación», construya una relación de confianza con su cliente implicándolo en el proceso con revisiones y actualizaciones a intervalos regulares.

NO DORE LA PÍLDORA CON LAS MALAS NOTICIAS

En cuanto un proyecto esté en marcha, sin duda llegará un momento (todos los proyectos tienen al menos uno) en el que habrá que comunicar una mala noticia al cliente. No deje que se enquiste y resístase a la tentación de esconderlo. De manera inmediata pero tranquila, comunique el problema junto con la solución sugerida. La transparencia siempre gana.

JUEGUE BIEN CON SUS EQUIPOS INTERNOS

Dado el crecimiento —y, por supuesto, la calidad— de los equipos de diseño internos, su integración resulta crítica. No sea un cretino. En muchos casos, estos equipos superan a las agencias en lo que concierne al talento y la habilidad. En mi experiencia en Edenspiekermann, algunas de las colaboraciones más fructuosas (y los mejores trabajos) han sido el resultado de la nula o poca división entre nosotros y el equipo de diseño del cliente. Trabajamos en el mismo espacio, realizamos las lluvias de ideas juntos y repartimos la carga de trabajo entre todos.

CLIENTES DIFÍCILES

Aun teniendo las mejores intenciones, puede resultar difícil trabajar con algunos clientes. Esto puede deberse a la falta de experiencia, a que su jefe también sea una persona difícil, a la falta de seguridad en su puesto o a un sinfín de razones. A pesar de ello, en la mayoría de los casos, es posible desarrollar un buen trabajo y establecer una buena relación con todos los clientes, incluso con los más difíciles.

Según mi experiencia, existen varios arquetipos de clientes difíciles.

EL NOVATO

Ya se trate de su primer encargo a una agencia, o que sea nuevo en el trabajo, un cliente inexperto, no importa lo bien intencionado que sea, puede suponer un reto especial para una agencia. Un cliente inexperto puede necesitar una mano más experimentada por parte de la agencia que uno que no lo es. Dada su falta de experiencia en su propia empresa, pueden mostrar un comportamiento sumiso, bien intencionado pero carente de confianza para detenerse cuando reciben las valoraciones de sus superiores. La producción de un trabajo realmente excelente con clientes novatos es difícil, ya que rara vez asumen riesgos. Necesitan una mano firme pero paciente. Como agencia, nuestro papel con este tipo de clientes no solo es finalizar el proyecto, sino guiarles, orientarles y proporcionarles una experiencia positiva.

EL EXIGENTE

Este tipo de cliente suele ser un poco neurótico, y necesita un refuerzo constante y frecuentes actualizaciones del proyecto. En muchos casos, puede deberse a una falta de seguridad personal y a la necesidad de ejercer un exceso de control sobre sí mismo. Mi consejo para este tipo de cliente es ser totalmente transparente en todas las fases del proyecto para que se sienta seguro. Una tabla de organización del flujo de trabajo al estilo Kanban como Trello o Jira puede ser de utilidad, ya que permite visualizar el proceso de las tareas individuales en el transcurso de la semana. Sin embargo, resulta crítico con este tipo de cliente que proteja adecuadamente a su equipo de trabajo de sus valoraciones. Si no lo hace, nada funcionará.

EL CREATIVO EN POTENCIA

El creativo en potencia es un tipo de cliente irritante pero inofensivo. Podría tratarse de una persona que solía trabajar en una agencia o incluso un diseñador interno en la empresa del cliente que se ha abierto camino en el equipo directivo y actúa como portavoz del diseño. Estos individuos suelen tener celos de la «agencia guay» y, si no se les gestiona correctamente, pueden llegar a sabotear sus ideas. Mi consejo para este tipo de individuos es involucrarlos en la medida de lo posible y hacerles sentir valorados. Invítelos a trabajar en su oficina. Haga que se impliquen en las lluvias de ideas. El auténtico truco con los creativos en potencia es hacerles creer que ellos tuvieron la idea. Esto les convierte en poderosos aliados que pueden actuar como fuerza interna para la venta de la idea.

CLIENTES INDESEABLES

Los auténticos tipos indeseables son raros, pero habitualmente hay una razón subyacente. Quizá están quemados por una agencia con la que trabajaron anteriormente, o su propio entorno de trabajo apesta. La mejor solución es intentar averiguar cuáles son los problemas de base y facilitarles la vida en la medida de lo posible. Esto puede suponer realizar una presentación adicional para su jefe, o proporcionarles consejos que les puedan ayudar en su trabajo. Hágalos parecer buenos y no tendrá problemas.

Si su cliente es un auténtico indeseable, porque insulta o menosprecia al personal de su agencia de manera personal, solo queda una solución: mándelo a tomar viento.

CONSEJOS PARA LOS CLIENTES. ASÍ OBTENDRÁN EL MEJOR RESULTADO DE SUS CREATIVOS

1. Prepare una buena sesión informativa.

2. Comunique claramente y con <u>antelación</u> las restricciones de presupuesto y los plazos de entrega.

3. No controle a los demás en exceso.

4. Recompense siempre al equipo por buscar nuevas ideas (incluso si no las utiliza).

5. Aporte una valoración clara y constructiva.

6. Escuche (recuerde que ha contratado a un profesional para hacer algo que usted no puede).

7. Sea organizado (no hay mucho que pueda hacer un equipo creativo si usted es un desastre).

8. Esté disponible.

9. Interésese por el trabajo e implíquese.

10. Comparta con su socio la visión del negocio, no su opinión sobre el color del logo.

CONTRATAR Y SER CONTRATADO

Los grandes trabajos los hace, y no resulta sorprendente, gente maravillosa. De ahí se desprende que si emplea personas mediocres, el trabajo que obtendrá será mediocre. No hay más secretos. Es difícil atraer a buena gente. Conservarla es aún más difícil. Sin embargo, con frecuencia las agencias cometen errores graves por tener prisa en contratar a este tipo de personas.

Ahora, supongamos que un negocio creativo tiene una reputación excelente. Hace un gran trabajo. Paga bien y tiene un buen equilibrio entre el trabajo y la vida personal. Su ambiente de trabajo está sorprendentemente libre de ególatras. Sin embargo, y por desgracia, incluso el negocio creativo mejor intencionado puede fallar en lo relativo a las formas en la contratación. Los negocios creativos —sobre todo los más pequeños— suelen ser terriblemente malos en lo relativo a los aspectos clave de la contratación. Olvidar algunos pasos muy simples, como no responder a la correspondencia entrante que no resulta de utilidad inmediata, a menudo empaña la reputación de la que podría ser una empresa creativa genial. Por ejemplo, un departamento de recursos humanos pasará por todos los aros cuando necesiten a alguien con sus habilidades específicas, pero ¿qué pasa si usted es un júnior sin experiencia, un becario, o simplemente alguien que en ese momento no encaja en el perfil? Las probabilidades de obtener una respuesta son mínimas. Recuerde, la medida de la manera en la que trata a la gente es cómo lo hace cuando no necesita nada de ella.

No está en el alcance de este libro el proporcionarle, querido lector, una guía exhaustiva para encontrar un talento creativo genial o para que usted mismo encuentre un trabajo maravilloso —para eso existe el mundo de internet—. Sin embargo, cuando se trata de atraer, contratar y conservar a los grandes talentos, estos son algunos puntos clave que conviene recordar.

NORMAS BÁSICAS PARA SOLICITAR UN TRABAJO

Una agencia puede realizar unos trabajos geniales, pagar bien, ofrecer un buen equilibrio entre el trabajo y la vida personal, además de ofrecer un ambiente libre de egos, pero todo eso no es nada si falla en la manera de tratar la correspondencia recibida de los entusiastas creativos jóvenes o las solicitudes de prácticas. Incluso las agencias mejor intencionadas se equivocan en lo que concierne a estas respuestas, y suele atribuirse a: «Estamos saturados. Esto es un negocio, después de todo. Los clientes son lo principal». Amigo mío, el mundo de los creativos es pequeño y esto le pasará factura tarde o temprano.

Todos hemos estado allí. Le llaman para una entrevista. Todo parece ir bien y el potencial empleador le dice que contactará con usted en un par de días. Se va a casa sintiéndose bien. Pasa una semana. Silencio. Envía un correo electrónico amable a modo de seguimiento. Nada. Pasa otra semana. Pasa un arbusto rodante. Una llamada de teléfono. Nada. ¿Es tan difícil dar una respuesta? Ahora bien, esta es una nota para los jóvenes graduados de diseño que solicitan un trabajo: no esperen que la gente responda inmediatamente. Ni siquiera esperen que respondan pronto. No los atosiguen.

No los incordie. Pero espere una respuesta en algún momento. Invirtió un tiempo en escribir a un director creativo, director de diseño, departamento de recursos humanos, etc., y se merece una respuesta. Seguro, puede necesitar un tiempo —la gente de las agencias siempre está ocupada— pero le deben una respuesta.

INCLUSO EL NEGOCIO CREATIVO MEJOR INTENCIONADO PUEDE FALLAR EN LO RELATIVO A LAS FORMAS EN LA CONTRATACIÓN.

Como cualquier otro creativo, tengo una historia de primera mano sobre este tema. Después de graduarme en la universidad en 2010, me dediqué a buscar mis primeras prácticas. Busqué todas las compañías de diseño en Irlanda, y finalmente reduje la lista a veinte agencias que se ajustaban a mi repertorio de habilidades. Me hice una hoja de Excel detallando la historia de cada agencia, su dirección, personal, clientes, proyectos, premios, acuerdos famosos —la lista era inmensa—. Fue una increíble tarea de investigación que enorgullecería al gestor más diligente. Una vez que terminé mi lista, preparé una carta individualizada y un portafolio para cada una de las agencias. Al cabo de cuatro semanas de trabajo intensivo envié las cartas y los portafolios a las agencias elegidas.

CÓMO NO ESTROPEAR LA PRÓXIMA ENTREVISTA

Péinese, no es un artista

Prepare tres preguntas inteligentes

Investigue con quién se entrevista

Sin manchas de comida

Lleve cinco copias de su currículum

Lleve cinco ejemplos de sus mejores trabajos

Lleve una libreta

No actúe como si supiera más nombres de fuentes que el director creativo

Vista zapatos que no le hagan parecer un hípster o un sintecho

Después de unas cuantas semanas sin respuestas, les envié un recordatorio muy amable. Nada. Tras dos meses de silencio, decidí que si me iban a rechazar, lo harían los mejores del sector, y no una agencia pequeña en Irlanda. Decidí abandonar Irlanda para no volver nunca más. Ese día me prometí que si llegaba a tener mi propia agencia, sería importante para mí contestar cualquier correspondencia, sin importar el tiempo que invirtiera en ello. Estoy orgulloso de decir que he cumplido mi promesa hasta hoy (aunque he de admitir que a veces he tardado mucho tiempo en hacerlo).

Dos días después de escribir a Edenspiekermann Berlín, una de las agencias de mayor prestigio en Europa, contestaron ofreciéndome una entrevista. Unos cuantos años después, una de las agencias que me habían ignorado me envió un correo muy adulador intentando convencerme para que me uniera a su agencia, y me sentí encantado. En este punto, había ascendido hasta convertirme en director de diseño de Edenspiekermann Berlín. Buscaban un jefe de digital para rescatar el negocio de diseño gráfico, que se estaba hundiendo. Por supuesto, no sabían que habían ignorado un correo tras otro varios años antes cuando les ofrecía preparar el té a cambio de unas cuantas horas de experiencia laboral sin retribución. El intercambio parecía algo como esto (página siguiente). Es posible que modificara este texto para darle mayor efecto

DECIDÍ QUE SI ME IBAN A RECHAZAR, LO HARÍAN LOS MEJORES DEL SECTOR.

Recuerde, no importa el éxito que tenga, lo ocupado que esté o lo famoso que sea, siempre debería contestar a las solicitudes de trabajo y de entrevista personal. No hay excusas para ser un cretino, y el karma puede ser un incordio.

NEGOCIAR EL SALARIO

La gente creativa solemos ser terribles negociando. Nos impulsan los proyectos interesantes y la oportunidad de trabajar con personas formidables en un entorno apasionante. Los mejores no se mueven solo por dinero. Esto es aún más cierto entre los jóvenes talentos que buscan un comienzo en la industria para construir su portafolio. Por lo tanto, resulta fácil para una agencia sin escrúpulos aprovecharse de los creativos júnior, en especial en lo que concierne a la negociación de su salario. Es una práctica muy común que la agencia minimice la oferta salarial con la promesa de «grandes oportunidades de cartera», «marcas emocionantes» o la más típica de todas, «la oportunidad de trabajar con los mejores del sector». Chorradas. Si le ofrecen un trabajo, independientemente de su nivel de experiencia, no olvide que es un profesional y merece que le paguen como tal.

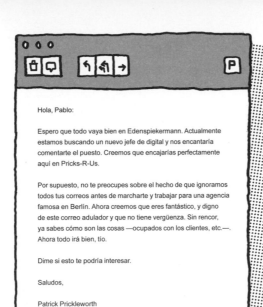

Hola, Pablo:

Espero que todo vaya bien en Edenspiekermann. Actualmente estamos buscando un nuevo jefe de digital y nos encantaría comentarte el puesto. Creemos que encajarías perfectamente aquí en Pricks-R-Us.

Por supuesto, no te preocupes sobre el hecho de que ignoramos todos tus correos antes de marcharte y trabajar para una agencia famosa en Berlín. Ahora creemos que eres fantástico, y digno de este correo adulador y que no tiene vergüenza. Sin rencor, ya sabes cómo son las cosas —ocupados con los clientes, etc.—. Ahora todo irá bien, tío.

Dime si esto te podría interesar.

Saludos,

Patrick Prickleworth

Estimado señor Prickleworth:

Gracias por su correo. De hecho, las cosas van muy bien en Edenspiekermann Berlín y no tengo la intención de moverme en un futuro inmediato.

Espero que su empresa continúe en declive, que se le contagie alguna forma incurable de lepra, y que su oficina en la costa se hunda en el mar.

Sinceramente,

Pablo

SEÑALES DE ALARMA EN UNA ENTREVISTA

- ☐ Evidencia de horas extra.

- ☐ El personal almuerza en su escritorio.

- ☐ Comodidades excesivas en la oficina que dan a entender que se quedan a trabajar muchas horas.

- ☐ Falta de diversidad en el panel de entrevistas.

- ☐ Falta de liderazgo visible.

- ☐ Liderazgo creativo y equipos creativos tienen espacios diferenciados.

- ☐ Cualquier jerigonza sin sentido como «Lo más importante aquí es el trabajo».

- ☐ Un director creativo con su propia cara impresa en una camiseta o taza.

¿Ha marcado más de dos casillas? Aléjese.

¿BUENA OFERTA/MALA OFERTA?

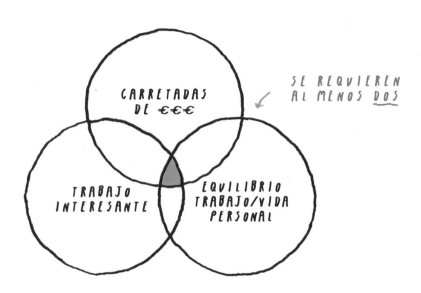

No solo suelen abusar del personal júnior cuando se trata de una negociación salarial. Los empleados extranjeros que dependen del visado respaldado por el empleador suelen ser especialmente vulnerables a las prácticas poco escrupulosas. Cuando un extranjero depende del visado de trabajo respaldado por un empleador, este puede abusar de la situación en dos frentes. En primer lugar, pueden ofrecer un «tómalo o déjalo» utilizando el visado de trabajo como zanahoria para que «pique». En segundo lugar, pueden alegar ignorancia sobre las diferencias en la divisa. Un salario inicial de 50 000 dólares puede parecer una pequeña fortuna para un director creativo en otros países del mundo, pero en realidad debería estar ganando más de 100 000. Ambas son prácticas deplorables y le animo, querido lector, a nombrar y avergonzar a cualquier agencia que las utilice.

Cuando llegué a Estados Unidos por primera vez, tuve mucha suerte de trabajar con HUGE, una agencia con un gran departamento de recursos humanos que siempre paga y trata a los extranjeros de manera justa. Por desgracia, no todas las agencias creativas son así. La mano de obra barata no solo se busca en la industria de la construcción.

He escuchado que muchos extranjeros que trabajan en agencias creativas en Estados Unidos reciben un salario muy inferior al de los empleados del país.

Y para finalizar: si usted es el empleador, no juegue con la gente que se encuentra en una situación vulnerable. Ofrézcales un salario justo desde un principio. Como ocurre en el infame mundo de Mike Monteiro, legendario cofundador y director de diseño de Mule Design, «Vete a la porra, págame».[13] Recuerde mis palabras, es muy fácil ganarse una reputación de aprovecharse del personal vulnerable. Se extenderá por la industria como la pólvora, y una vez que haya cundido, será difícil de erradicar.

PAGUE A SUS BECARIOS

No hace falta decir que debe pagar a sus becarios. No son una fuente de trabajo gratuito. No solo están allí para preparar el té. Por supuesto, es totalmente aceptable que los becarios se lleven la peor parte del trabajo de producción, el montaje, vayan a buscar el material, etc., pero eso no significa que no deba pagarles. A pesar de su falta de experiencia, los becarios aportan curiosidad, una maravillosa mirada fresca e inocente, así como una energía que ningún profesional curtido tiene ya. Todas las mejores agencias cuentan con algún tipo de programa para becarios o estudiantes en prácticas, ya que estos transforman el entorno de una agencia para mejor. Con frecuencia, los becarios tienen mejores habilidades en las últimas tendencias y trucos que el personal sénior. Si no se los puede permitir, no los contrate.

> A PESAR DE SU INEXPERIENCIA, LOS BECARIOS APORTAN CURIOSIDAD, UNA MIRADA FRESCA MARAVILLOSAMENTE INOCENTE Y UNA GRAN ENERGÍA.

[13] https://www.youtube.com/watch?v=jVkLVRt6c1U

ETIQUETA INTERNA

DEBERÍA

DARLES TAREAS DE LAS QUE PUEDAN APRENDER

ASIGNARLES UN TUTOR

PAGARLES

NO DEBERÍA

DARLES TAREAS MECÁNICAS

OBLIGARLOS A TRABAJAR HORAS EXTRA

ESPERAR QUE LE PREPAREN EL TÉ

MARCHARSE Y DESPEDIR

El mundo del sector creativo es muy pequeño. No importa la manera en la que se despida de una persona, los reencuentros resultan inevitables. La industria tiene una manera de traer de vuelta a la gente que nos gustaría haber olvidado, más adelante, pero en esta ocasión parecen tener superpoderes. Es como encontrarse a Bowser en un juego de Super Mario Brothers: cada vez que crees que se ha ido, vuelve por sorpresa, pero ahora puede lanzar bolas de fuego. La persona a la que hoy despides puede ser tu jefe o tu cliente en el futuro.

Este es un ejemplo personal de cómo funciona la casualidad en este sector. En 2016 fui contratado como director creativo en Edenspiekermann, para quien había trabajado previamente en Berlín, pero renuncié para emprender otro trabajo en Nueva York. Si hubiese sido un cretino cuando me marché de Edenspiekermann, no me habrían pedido que volviera para ser su director creativo. El antiguo jefe de mi primer contrato en prácticas en una agencia de diseño de Dublín escribió la carta de recomendación que me ayudó a conseguir el visado de trabajo para mi primer trabajo en Estados Unidos. Si hubiese sido un cretino cuando me despedí de esas prácticas, no me habrían escrito esa carta de recomendación tan útil, ni habría conseguido el visado.

El pequeño mundo no se acaba en las agencias. Cada vez más empresas contratan a creativos y el flujo de personas entre los trabajos en agencias y empresas es más fluido que nunca. Por ejemplo, un antiguo empleado con el que trabajé en Nueva York es ahora el director de diseño de una gran compañía tecnológica. Un antiguo becario en Edenspiekermann Berlín se convirtió en uno de nuestros grandes clientes en la oficina de Los Ángeles. Contactó con nuestra agencia por la gran experiencia que había tenido cuando era becario. Y la lista es interminable. Piense en cualquier relación profesional como en algo que nunca se acaba, volverá a surgir de otra manera hasta que uno de los dos se muera o se jubile. En otras palabras, todo vuelve.

PARTIR ES DIFÍCIL

Renunciar a un trabajo o dejar que alguien se vaya siempre resulta complicado. Puede haber una sensación de traición en el equipo. Añada a ello la naturaleza volátil de las

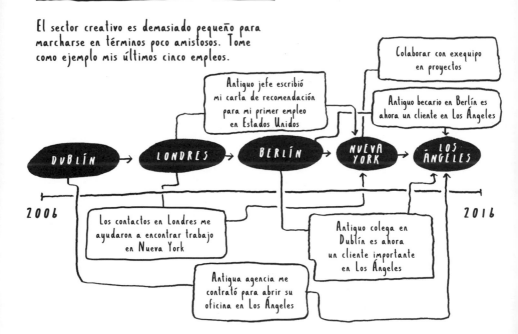

EL MUNDO ES UN PAÑUELO

El sector creativo es demasiado pequeño para marcharse en términos poco amistosos. Tome como ejemplo mis últimos cinco empleos.

Colaborar con exequipo en proyectos

Antiguo jefe escribió mi carta de recomendación para mi primer empleo en Estados Unidos

Antiguo becario en Berlín es ahora un cliente en Los Ángeles

DUBLÍN → LONDRES → BERLÍN → NUEVA YORK → LOS ÁNGELES

2006 — 2016

Los contactos en Londres me ayudaron a encontrar trabajo en Nueva York

Antiguo colega en Dublín es ahora un cliente importante en Los Ángeles

Antigua agencia me contrató para abrir su oficina en Los Ángeles

personas creativas (los mejores creativos siempre son los más inestables) y tendrá garantizada una cierta desilusión, o incluso un drama.

Hace varios años lo experimenté en persona cuando dejé mi trabajo en la agencia para mudarme a otra ciudad.

Un antiguo colega de cuando trabajaba en Europa —llamémosle Tommy Togglesmith— era uno de los individuos con más talento con los que he trabajado. Con los años, trabajamos juntos en docenas de proyectos, desde el relanzamiento de papel higiénico hasta la creación de nuevas aplicaciones. De hecho, creé algunos de mis mejores trabajos colaborando con él. Casi cada tarde, a las seis en punto, abríamos una cerveza en nuestra mesa y hablábamos sobre la hoja de ruta de un proyecto o la solicitud de algún cliente desquiciado, según el día. Trabajamos juntos durante numerosas noches para cumplir los plazos de entrega más ridículos. Así que cuando llegó el momento de dejar la agencia, sabía que no sería fácil.

Era una lluviosa tarde de viernes en nuestro bar favorito cuando le di la noticia: dejaba la empresa para irme a otro sitio. Tommy me dirigió una mirada muy extraña, que nunca había visto antes o desde entonces. Cerró los ojos y se quedó quieto. Aunque estábamos en un bar relativamente ruidoso, todo pareció quedarse inmóvil, como en una escena de *Matrix* donde todo se congela a excepción del héroe y el villano. De repente, Tommy se giró hacia mí y exclamó en un grito que helaba la sangre: «¡Maldicióóóóóóóóóóóón! ¡Maldicióóóóón! ¡Maldicióóóóóóóóóóóóóóóóóón!», antes de salir del bar. Realmente creí que volvería para retorcerme el cuello con sus propias manos. Ahora nos reímos, pero abandonar a tu creativo es como romper con un ex. Es extremadamente duro.

PIENSE EN CUALQUIER RELACIÓN PROFESIONAL COMO ALGO QUE NUNCA TERMINA, SINO QUE RESURGE DE OTRA MANERA.

Cualquiera que haya trabajado con un gran equipo de creativos entiende la estrecha relación que se llega a formar. Somos compañeros de fatigas, enfrentados a la locura de la vida en una agencia. Luchas contra unos plazos de entrega ridículos, clientes neuróticos y directores creativos ególatras. Saboreamos juntos las mieles de la venta con éxito de esa gran idea. Lamentas la idea que mató un equipo legal demasiado celoso de su deber. Pasas más tiempo con ellos que con tu pareja o tus hijos. Tu equipo creativo es tu familia fuera de casa. Alejarte de ellos —sin importar la inocencia de las razones— resulta difícil. Pero siempre hay maneras de mejorar la forma de manejar estas situaciones.

¿DEBERÍA DESPEDIR A ALGUIEN?

Comience aquí →

¿CUÁL ES EL MOTIVO?

NO PRODUCE UN GRAN TRABAJO

GESTIÓN DEL TIEMPO

MOTIVOS FINANCIEROS
por ejemplo, reestructuración

DELITO IMPERDONABLE
por ejemplo, matar al perro de la oficina

¿MEJORARÁN DESPUÉS DE UNA VALORACIÓN?

¿MEJORARÁN DESPUÉS DE UNA VALORACIÓN?

SÍ   NO

SÍ   NO

¿HAY UNA AFINIDAD CULTURAL?

SÍ   NO

CONSÉRVELOS

Los buenos empleados con afinidad cultural son difíciles de encontrar. Deles la oportunidad de mejorar o intente encontrarles un rol alternativo.

DÉJELOS MARCHAR

Pero no se comporte como un indeseable con ellos. Ofrézcales una indemnización y un pequeño período de preaviso justo (cuatro semanas es correcto).

DESPIDO INMEDIATO

Piérdase. Recoja sus cosas y despídase. Auf wiedersehen. Su tiempo aquí se ha acabado, cretino.

CÓMO DEJAR UN TRABAJO
SIN SER UN INDESEABLE

Así que ha decidido dejar su trabajo. Ya no quiere aguantar más alególatra del director creativo que insiste en hacerle trabajar todos los fines de semana. Quizá quiera crear su propia agencia. O a lo mejor usted y su familia se mudan a la otra punta del país y no le es posible continuar. Sea cual sea el motivo, márchese siempre de su trabajo de una manera profesional y amistosa.

OFREZCA UN APOYO CONTINUADO A SU ANTIGUO EQUIPO

En Edenspiekermann Berlín, ofrecí (y continué haciéndolo) un apoyo continuado a mi antiguo equipo para proporcionarles orientación y resolver dudas durante unas semanas mientras se realizaba la transición con el nuevo líder. Aunque ya había comenzado mi nuevo trabajo, sabía que era responsable de una transferencia tranquila.

AVISE CON ANTELACIÓN, SIN IMPORTAR EL PERÍODO LEGAL ESTABLECIDO

Parece obvio, pero resulta sorprendente la frecuencia con la que los creativos no lo hacen. Si usted es bueno en su trabajo, la gente depende de usted. Yo avisé con ocho semanas de antelación en uno de mis trabajos. Sin embargo, los empleadores deberían tomar nota: para que esto funcione, deben crear un entorno de trabajo en el que la gente se sienta valorada.

ENVÍE UNA NOTA PERSONAL DE AGRADECIMIENTO A TODOS

Y antes de que pregunte, sí, envíe una también al director creativoególatra. Elija la alternativa más ética, elógielo y agradézcale su tutelaje.

HABLE SIEMPRE BIEN DE SU ANTIGUO PUESTO

Suelo incluir anécdotas positivas de mis antiguos puestos en artículos y redes sociales (a pesar del hecho de que técnicamente son mi competencia ahora que estoy en otra agencia). Esto aplica incluso si odiaba su antiguo trabajo.

En una transición positiva, cuando un miembro del equipo se marcha, el empleador también tiene que asumir un papel. En ocasiones, a este miembro del equipo la empresa se le queda pequeña. La gente creativa necesita moverse y adquirir muchas experiencias distintas para poder desarrollarse. Creo que el ciclo de vida medio de un creativo júnior o medio en una agencia no debería superar los tres años. Recomendaría encarecidamente a cualquier creativo júnior que no se quede en una agencia por más de tres años, sin importar lo difícil que pueda resultar a la agencia asumir su pérdida. Al principio de su carrera, los creativos tienen un aprendizaje limitado en un único sitio, y deben probar algo distinto. Con independencia de lo difícil que pueda resultar, como empleador y tutor nunca debería mostrar su desilusión cuando un creativo le comunica su cese. Agradézcale sus servicios y deséele lo mejor.

DESPEDIR

Dejar que la gente se marche forma parte de cualquier negocio, y no hay nada malo en despedir a alguien si se hace correctamente. No se sienta culpable ni dude en despedir a alguien si es por una razón correcta. Un lugar de trabajo creativo es un negocio en primer lugar y por encima de todo, y eso resulta primordial. Sin embargo, no hace falta ser un indeseable por ello.

Ser despedido, independientemente del motivo, es una humillación para cualquier persona. Además, los creativos suelen tener un carácter más sensible que los demás y se hunden fácilmente. En general, una dosis moderada de valoración constructiva puede resultar de utilidad. No se olvide de darle las gracias por sus servicios. Destaque sus rasgos positivos y, si es conveniente, sugiérale los pasos que debería dar en un futuro. A menos que haya asesinado al perro de la oficina, ofrézcale una carta de recomendación, un período razonable de preaviso, y, si fuera conveniente, una indemnización. Antes de despedir a alguien, debería hacer lo siguiente:

DELE UN AMPLIO MARGEN DE MEJORA

Si la persona tiene afinidad cultural con su equipo y realmente cree que tiene una oportunidad de mejora, concédasela estableciendo metas claras y asequibles durante treinta días. Estos objetivos deberían darle la oportunidad de trabajar las debilidades que le han conducido a considerar su despido. Por ejemplo, si un creativo no entrega sus trabajos a tiempo, demostrar que tiene la capacidad de mejorar sus plazos de entrega sería su objetivo durante el período estipulado.

¿EXISTE OTRO PUESTO PARA ELLOS?

Si el individuo es un buen empleado de la empresa y buen trabajador, antes de despedirlo, pregúntese si existe otro puesto en el que pudiera encajar. Lo he visto algunas veces y con éxito. Hace algunos años contratamos a un diseñador visual que, aunque era terrible con el diseño visual, resultó ser un genial estratega. Sé de un redactor que no era bueno escribiendo anuncios, pero se le dio la oportunidad de trabajar en el equipo editorial, donde resultó ser un trabajador excelente.

DESPEDIR A ALGUIEN SIN SER UN INDESEABLE

Aunque no resulte agradable, despedir a alguien debería realizarse de una manera respetuosa, aunque firme y con unos plazos a respetar. La cuestión va mucho más allá que ofrecer una mera indemnización. Al despedir a un miembro del equipo, intente recordar lo siguiente:

NO LO POSPONGA

Su intuición no suele fallar. He cometido el error de postergar el despido de miembros del equipo con la esperanza de que mejorarían con orientación y una valoración. Pero no lo hicieron. Durante todo el tiempo sabía que no eran los indicados para el trabajo y que funcionarían mejor en otro sitio. No cometa ese error; no es justo ni para usted ni para ellos. En cuanto se dé cuenta de que no encajan, despídalos. Debería darles una oportunidad de mejorar, pero, si no hay mejora, despídalos. Se lo agradecerán a largo plazo, cuando encuentren otro trabajo donde sus habilidades particulares les ayuden a destacar.

DELES TIEMPO PARA ENCONTRAR OTRA COSA

No sea tiquismiquis con las reglas en este caso. Si la política de su empresa marca dos semanas, pero esta persona tiene una familia que depende de su salario, dele el tiempo necesario para encontrar algo nuevo, incluso si le cuesta un par de semanas más en la nómina.

OFRÉZCALES AYUDA PARA ENCONTRAR OTRO TRABAJO

Quizá deba reducir el tamaño de su equipo para mantener la agencia a flote y se vea en la necesidad de despedir a un miembro leal de su equipo. Ofrézcale su ayuda para encontrar un nuevo trabajo utilizando su red de contactos y presentándole a quien podría darle un empleo.

OFRÉZCALES UNA BUENA CARTA DE RECOMENDACIÓN

A menos que robaran en su empresa, o rompieran un acuerdo de confidencialidad, o realmente hayan asesinado al perro de la oficina, y suponiendo que hayan trabajado con usted durante un tiempo, ofrézcales siempre una carta de recomendación.

LAS SECUELAS

Recuerde: que una persona se marche o sea despedida resulta traumático para el equipo. Cualquiera que haya trabajado en una agencia de tamaño mediano o grande ha experimentado lo que yo denomino «efecto Moisés»: una o dos salidas conducen a un éxodo masivo del personal. Como tales, las salidas deben ser tratadas con suma delicadeza por ambas partes, independientemente de la situación.

CUANDO NO SER UN INDESEABLE TE CONVIERTE EN UNO

Un equipo creativo necesita un liderazgo claro; ningún negocio con éxito funciona con un sistema democrático. El ingrediente clave de un negocio creativo con éxito es muy simple: produzca un trabajo simplemente excelente. Es más importante que ser popular. Es más importante que hacer feliz a un miembro del equipo insatisfecho.

De vez en cuando, para tener éxito en la producción de un gran trabajo, tendrá que comportarse de forma ruin. Si no es capaz de serlo cuando sea necesario, esto repercutirá en el trabajo, perderá clientes y dinero, y finalmente tendrá que despedir al personal. Entonces se convertirá en un *auténtico* indeseable.

Para atraer el talento debe crear un entorno en el que la gente sienta que pueden hacer el mejor trabajo de su carrera. Esto supone un cierto nivel de competencia sana en el que los individuos se retan entre sí y aprenden unos de otros. Los jóvenes creativos aprenden más de sus colegas que de cualquier director sénior o aula de clase; cuando cuenta con el mejor personal, no solo producen un buen trabajo, sino que el efecto aprendizaje multiplica la calidad global de la agencia.

Ser un tipo indeseable en el momento correcto será crítico para alcanzar el éxito. Cuando la oficina de nuestra empresa emergente de Edenspiekermann en Santa Mónica se nos quedó pequeña, mi socio y yo debíamos elegir entre un espacio sensacional en el centro de Los Ángeles o quedarnos en el Westside. El traslado al centro supondría un desplazamiento al trabajo para prácticamente todo el personal, que vivía en el Westside de Los Ángeles. Sin embargo, como la agencia crecía rápidamente, sabíamos que, para asegurar el crecimiento del negocio y para posicionar

EL SIMPLIFICADOR DE DECISIONES

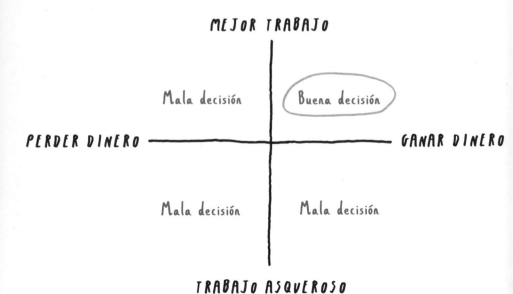

la marca (el centro se estaba convirtiendo en el núcleo del negocio creativo), el centro de la ciudad era la mejor elección, a pesar del desacuerdo entre el equipo.

Todos odiaron la decisión, igual que nosotros, en ese momento. Hubo multitud de quejas y tuvimos que coaccionar al equipo de todas las maneras posibles para que no se marcharan. Después de la primera semana en el nuevo espacio, todos y cada uno de los miembros del equipo estuvieron de acuerdo en que era la mejor decisión que pudimos haber tomado. A veces hay que ser un indeseable y hacer lo que más conveniente para el negocio.

Estas son las cosas más importantes que debe saber cuando *es necesario* que sea un indeseable para obtener el mejor rendimiento de su negocio.

SEA UN OBSESO DEL CONTROL...

Mientras trabajaba en Edenspiekermann, construimos un entorno en el que los equipos contaban con una autonomía plena y poder de decisión. Sin embargo, insistía en conocer los detalles de los trabajos que salían por la puerta. Hay dos razones para ello. La primera y más importante, debe saber lo que ocurre con sus proyectos y asegurarse de que el trabajo es innovador y de la mejor calidad. Para ser un líder de éxito para su equipo creativo, debe saber todo lo que pasa. ¿Qué cliente necesita una atención adicional? ¿Qué cliente puede ser atendido por el personal júnior con supervisión, y cuál requiere de una persona experta para cada interacción? En segundo lugar, debe ser visible para su personal. Según mi experiencia, el director creativo que se ensucia las manos e interactúa a diario con el personal es mucho más efectivo que el recluso que se esconde en su oficina y delega todas las tareas. Estas personas se olvidan fácilmente y nunca duran mucho tiempo.

... PERO NO CONTROLE A LOS DEMÁS EN EXCESO

Contrató a grandes personas por un motivo. Déjeles hacer su maldito trabajo. Probablemente tengan más talento que usted. Rételos. Presiónelos. Pero no los cuestione.

PRESIONE A LOS CREATIVOS HASTA QUE LE ODIEN

No hay trucos de magia para conseguir un gran trabajo creativo: solo hay que trabajar duro. Es una fórmula muy simple: iterar, iterar y volver a iterar. No hay atajos. Como director artístico, director de diseño o director creativo, es su responsabilidad presionar, presionar, presionar y presionar un poco más. Todos los creativos quieren hacer un gran trabajo, y si usted es el idiota que no los presiona para que lo hagan, será el *auténtico* responsable de que después de años de trabajar para usted no tengan nada que valga la pena en su portafolio.

LA GENTE TRABAJA MEJOR BAJO PRESIÓN

Existe una gran diferencia entre un trabajo sostenible (bueno) y las actitudes abúlicas (malo). Los creativos deberían ser capaces de trabajar entre semana, pero deberían trabajar intensa y rápidamente cuando están en la oficina. Los creativos se concentran mejor y trabajan más cuando están bajo presión. Si no hay plazo a la vista, no harán nada. Al trabajar en Nueva York, estábamos constantemente bajo presión. No deja de impresionarme cómo un plazo de entrega ajustado y un poco de calor pueden producir un trabajo excelente.

EL DISEÑO NO ES UNA DEMOCRACIA

Cada tarea, ya sea pequeña o grande, necesita un propietario y una visión. La idea de liderazgo democrático es absurda. Un líder, una perspectiva. Las opiniones son bienvenidas, pero las decisiones no se toman en comité.

SI LA GENTE NO ES LO SUFICIENTEMENTE BUENA, DESPÍDALA

Es una verdad desagradable, pero algunos creativos muy trabajadores simplemente no tienen la habilidad para producir un gran trabajo, sin importar lo mucho que lo intenten. A menudo se abren camino hacia las grandes agencias gracias a unos portafolios que incluyen grandes proyectos de equipo en los que tuvieron un papel pequeño. Aprenda a detectar este tipo de individuos —tendrá que darles un rol alternativo o despedirlos—. Según mi experiencia, en ocasiones los creativos que carecen del talento para realizar un trabajo práctico aún pueden desempeñar un papel importante en la agencia. Muchos son investigadores excelentes o estrategas de contenido, porque tienen un profundo conocimiento del diseño, incluso si no pueden ejecutarlo ellos mismos.

LA HONESTIDAD BRUTAL ES UNA PÍLDORA AMARGA QUE ES NECESARIO TRAGAR

Tuve la gran fortuna de trabajar durante casi cinco años en Berlín y, como era de esperar, con un montón de alemanes. Lo que más admiro de los alemanes (y de los europeos del norte, en general) es su actitud de no andarse con tonterías. Si algo huele mal, te lo dicen en seguida. Son honestos (a menudo de manera brutal) y no doran la píldora como los norteamericanos o los británicos. Aunque esta manera directa de decir las cosas puede resultar molesta (he visto a muchos miembros de nuestro equipo norteamericano con lágrimas en los ojos después de una conversación crítica con un director ejecutivo alemán), esta franqueza significa que la gente siempre sabe en qué punto se encuentra. No pierda el tiempo con tonterías. Sea directo y honesto, incluso si no es lo que la gente quiere escuchar en ese momento. Todos estamos de acuerdo en que el mundo sería un lugar mejor si no hubiese tanta tontería por allí.

BUENAS DECISIONES	MALAS DECISIONES
POPULAR A LARGO PLAZO	POPULAR A CORTO PLAZO
GANAR DINERO	PERDER DINERO
CONSEGUIR BUENOS PROYECTOS	CONSEGUIR PROYECTOS CUTRES
SE REALIZAN DE MANERA OBJETIVA	CONTIENE UN SESGO PERSONAL
SIGA SU INSTINTO	SIGA LO QUE OTROS DICEN QUE SE «DEBERÍA» HACER
SE TOMAN RÁPIDAMENTE	OCURREN POR DAR LARGAS AL ASUNTO